COME DISEGNARE
TUTTO È CARINO

DISEGNA CON

SOPHIA

QUESTO LIBRO APPARTIENE A

1
2
3
4
5
6
7
8
9
disegnamo

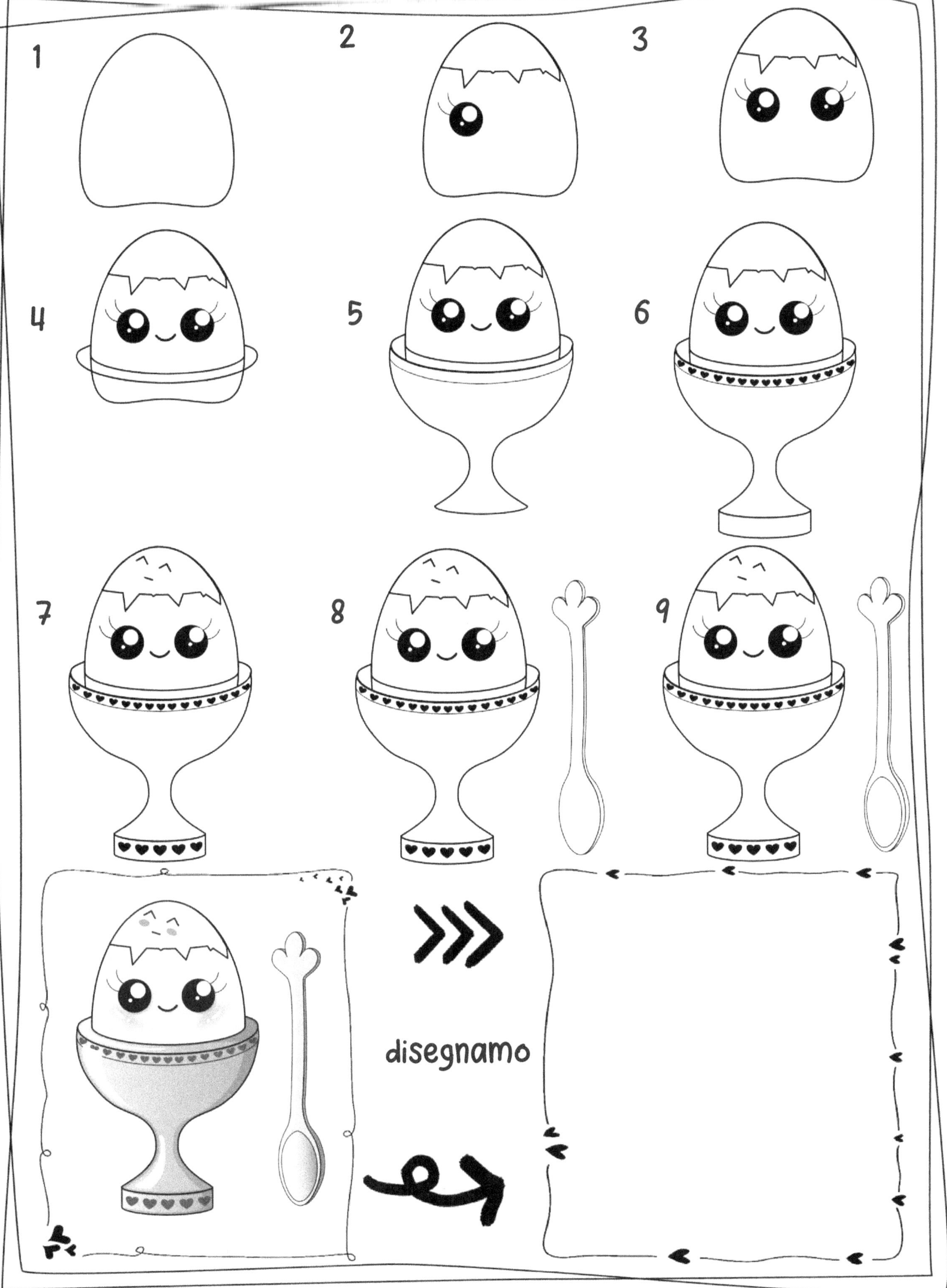

1
2
3
4
5
6
7
8
9
disegnamo

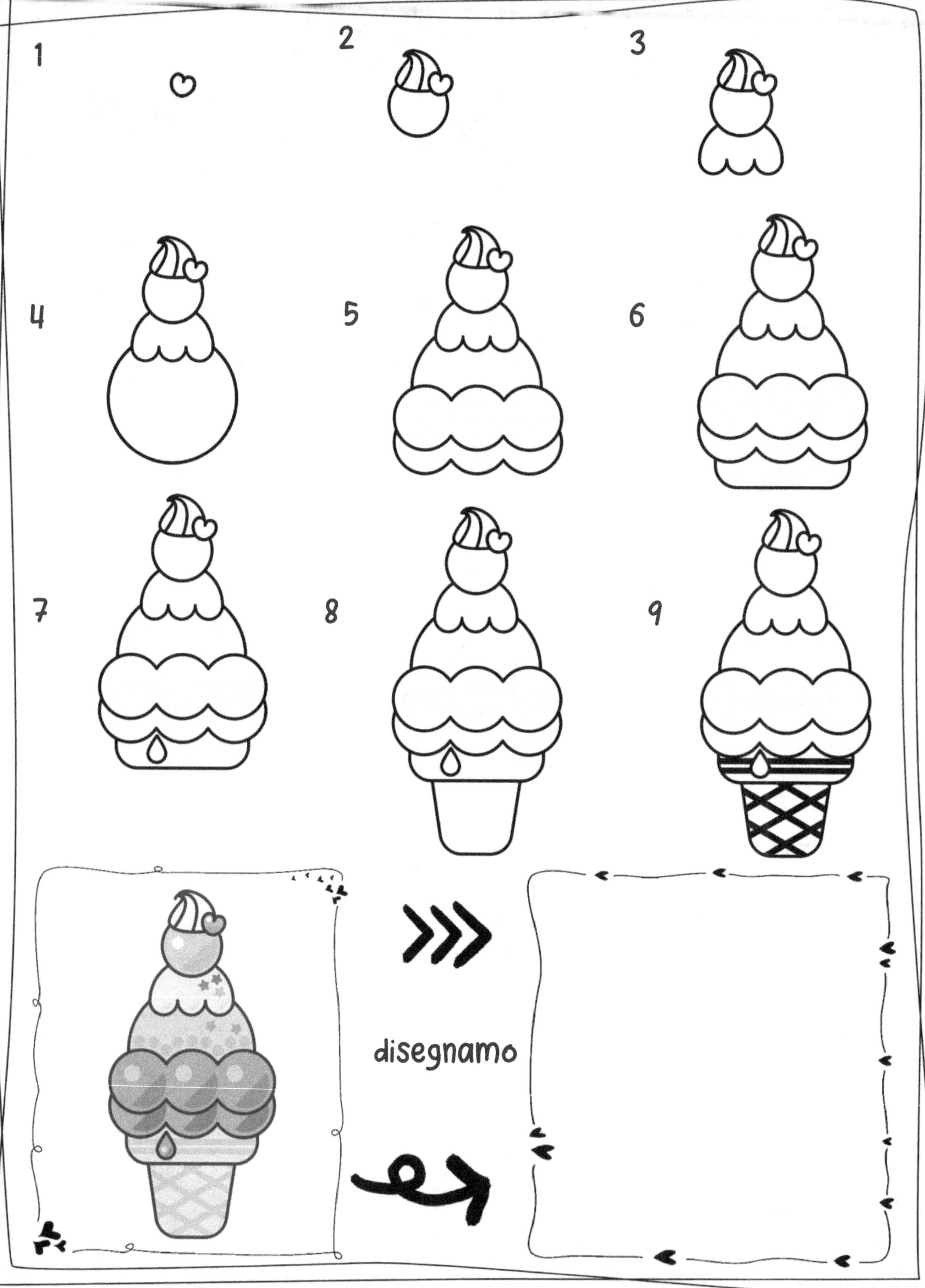

1
2
3
4
5
6
7
8
9
disegnamo

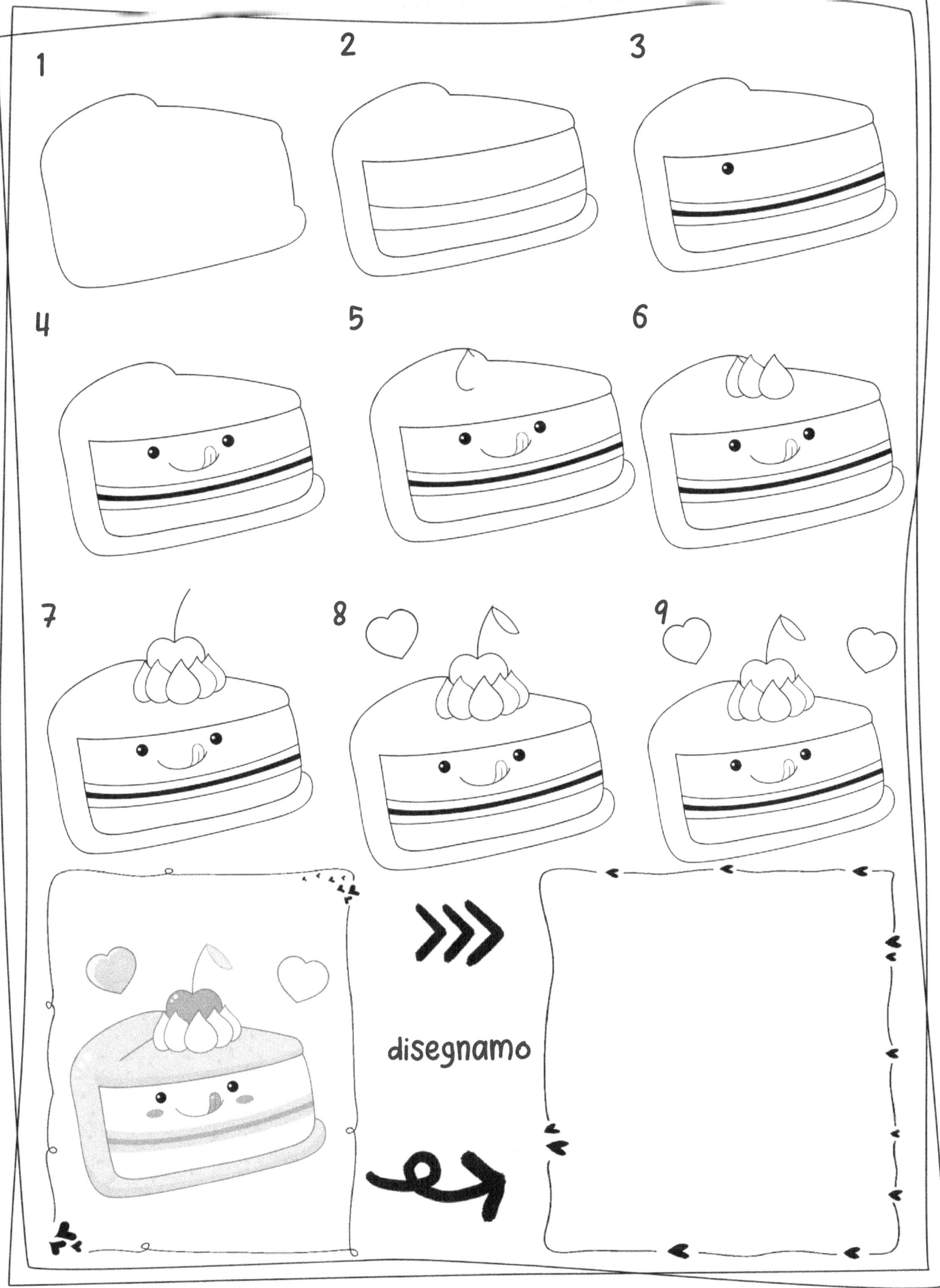

1
2
3
4
5
6
7
8
9
disegnamo

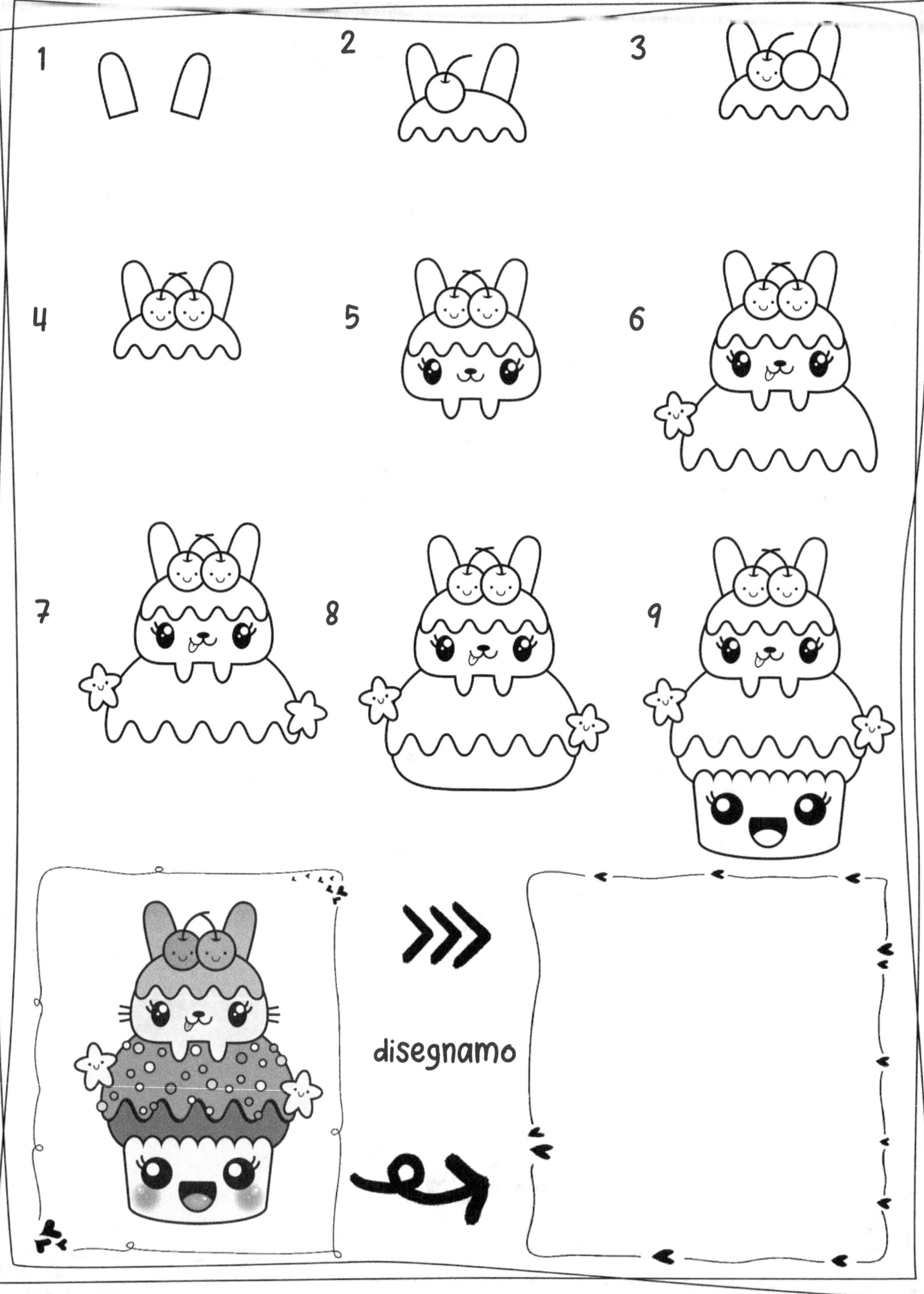

1
2
3
4
5
6
7
8
9
disegnamo

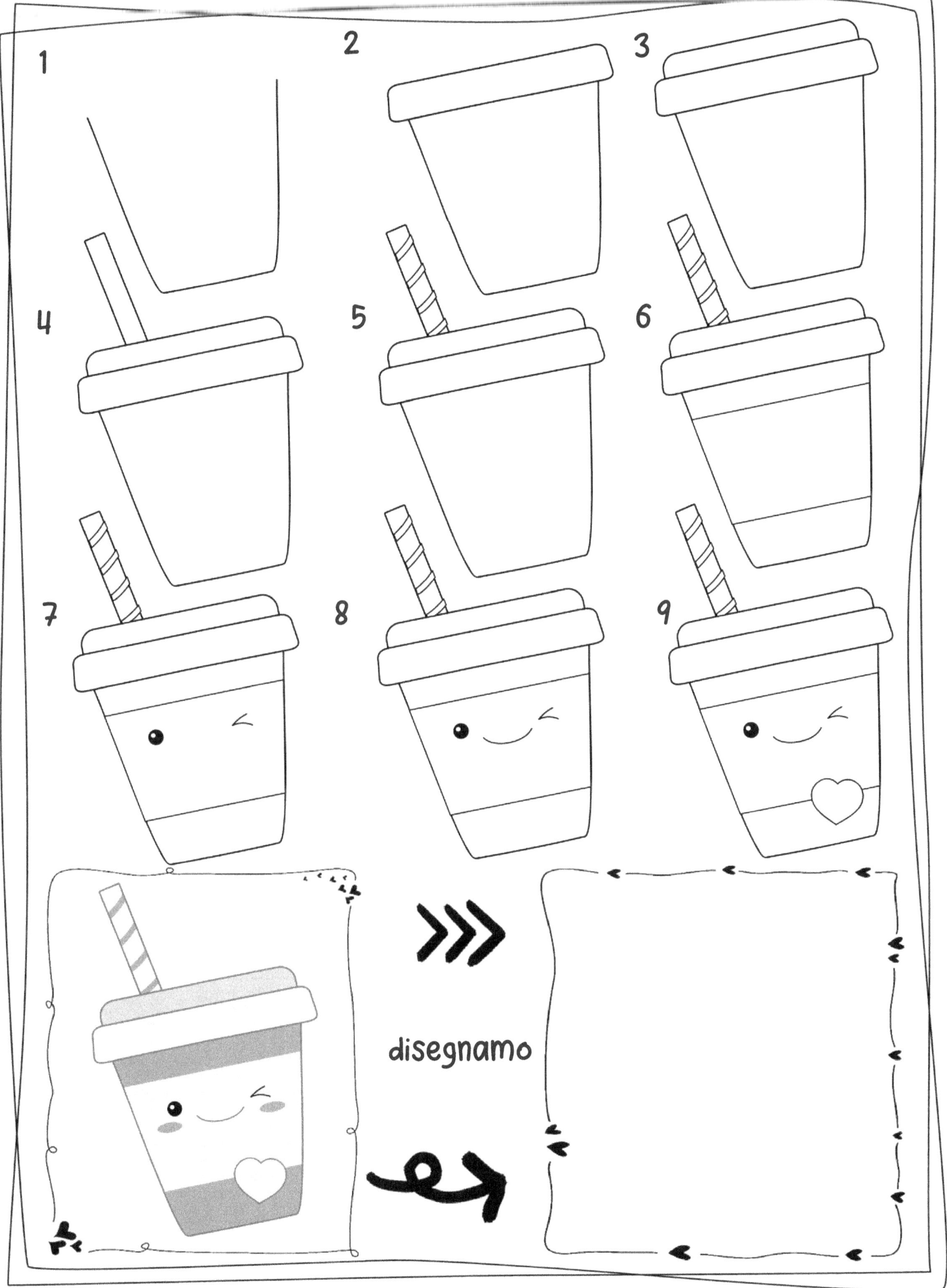

1
2
3
4
5
6
7
8
9
disegnamo

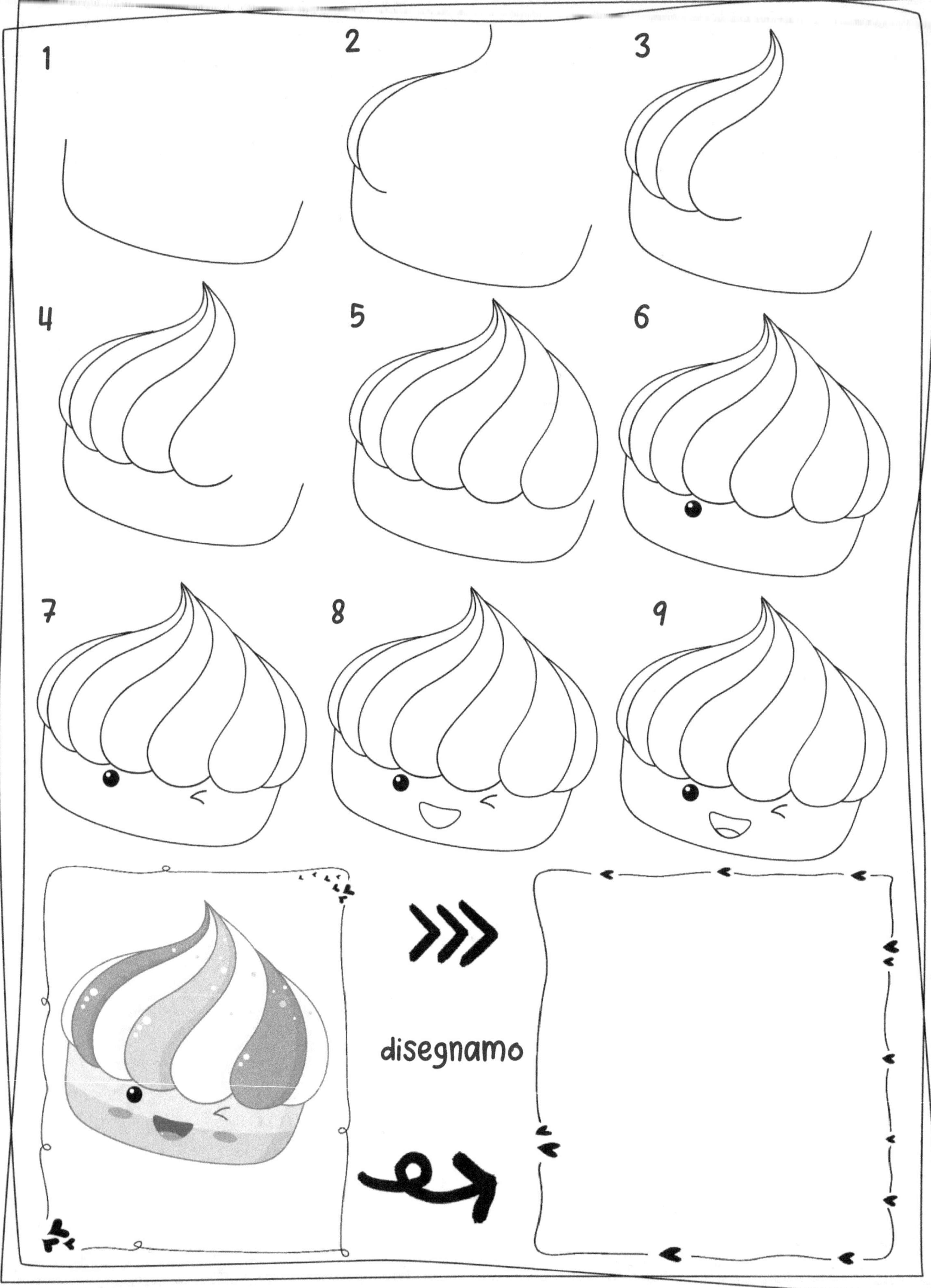

1
2
3
4
5
6
7
8
9
disegnamo

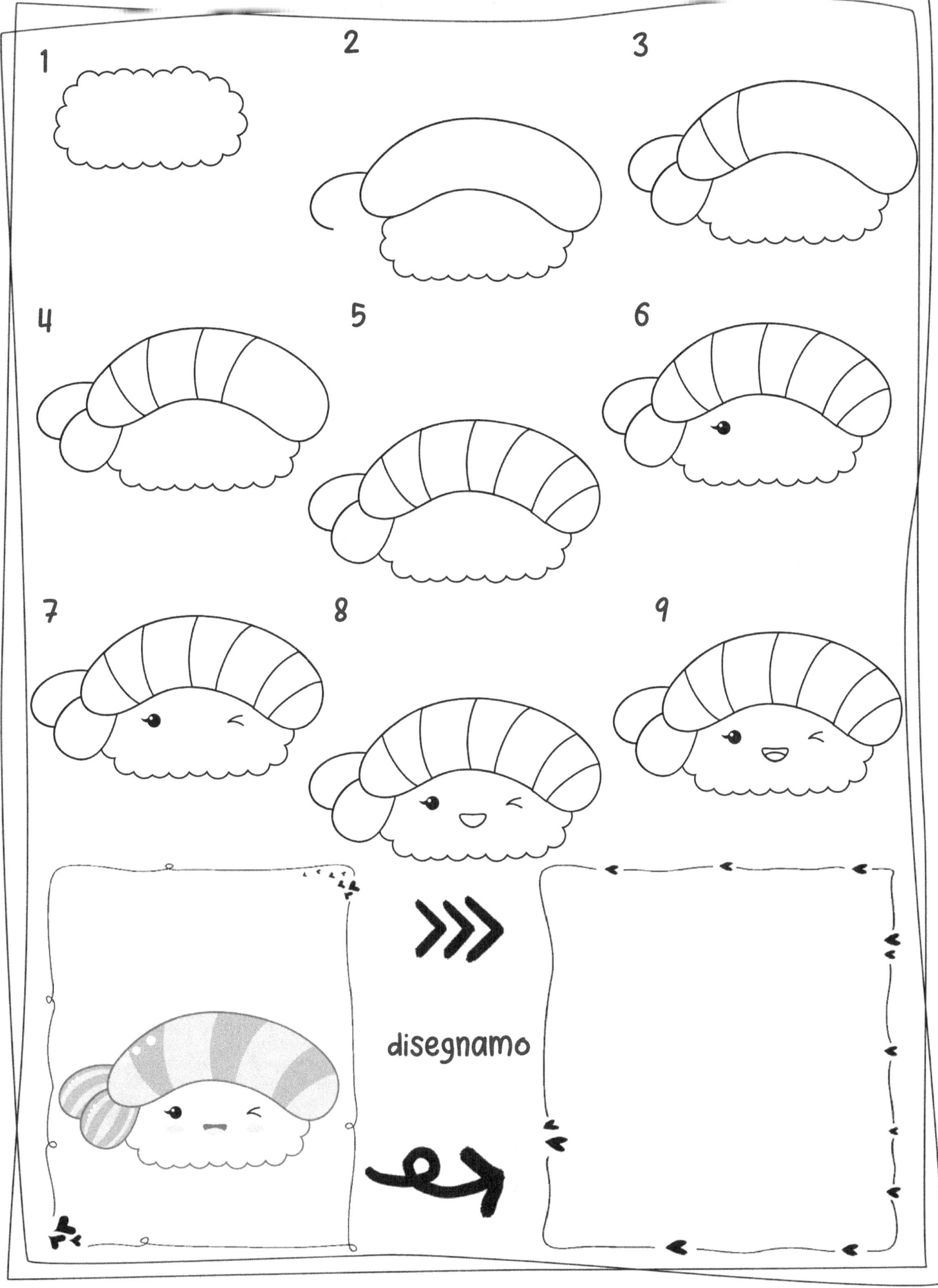

1
2
3
4
5
6
7
8
9
disegnamo

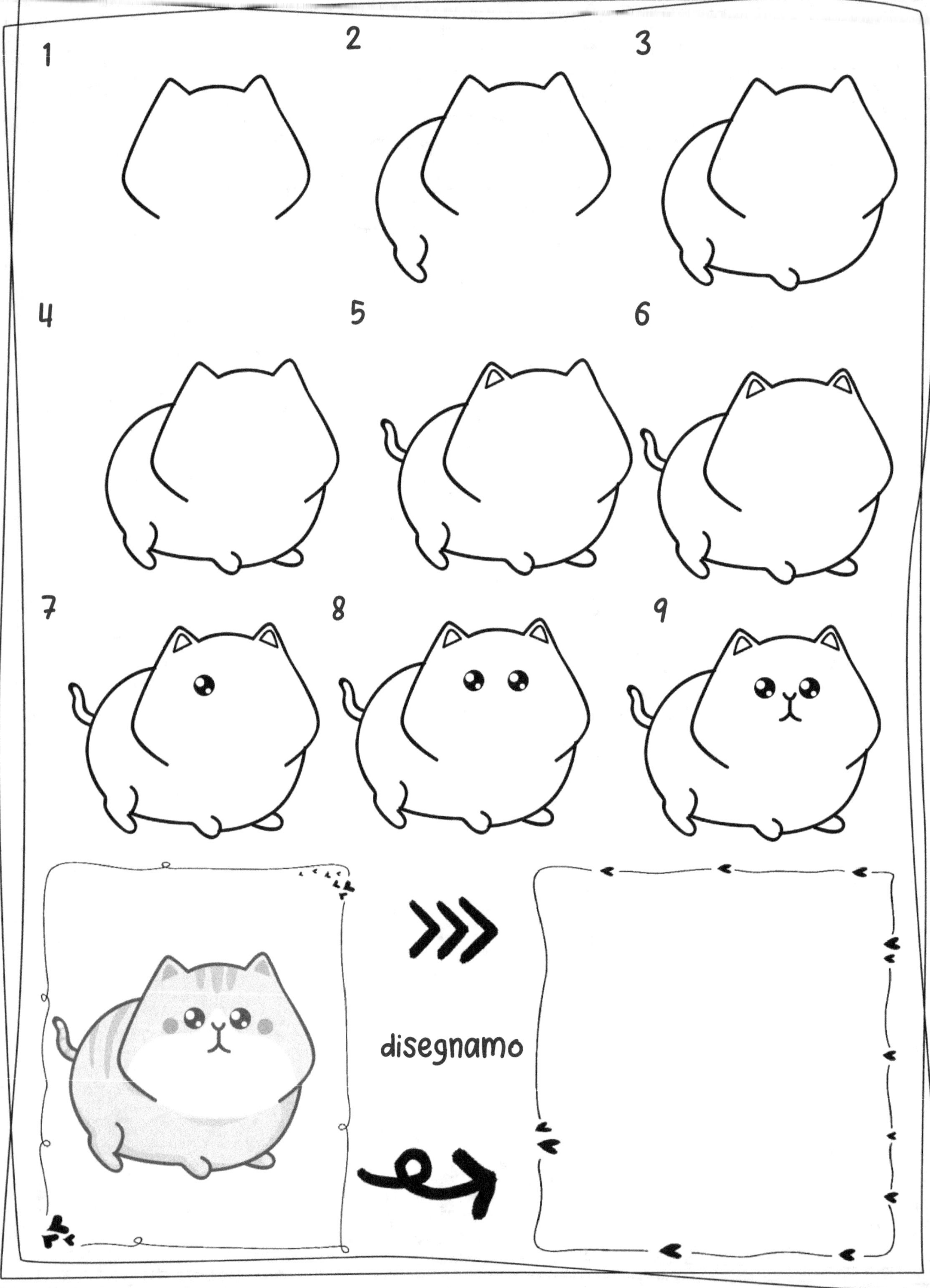

1
2
3
4
5
6
7
8
9
disegnamo

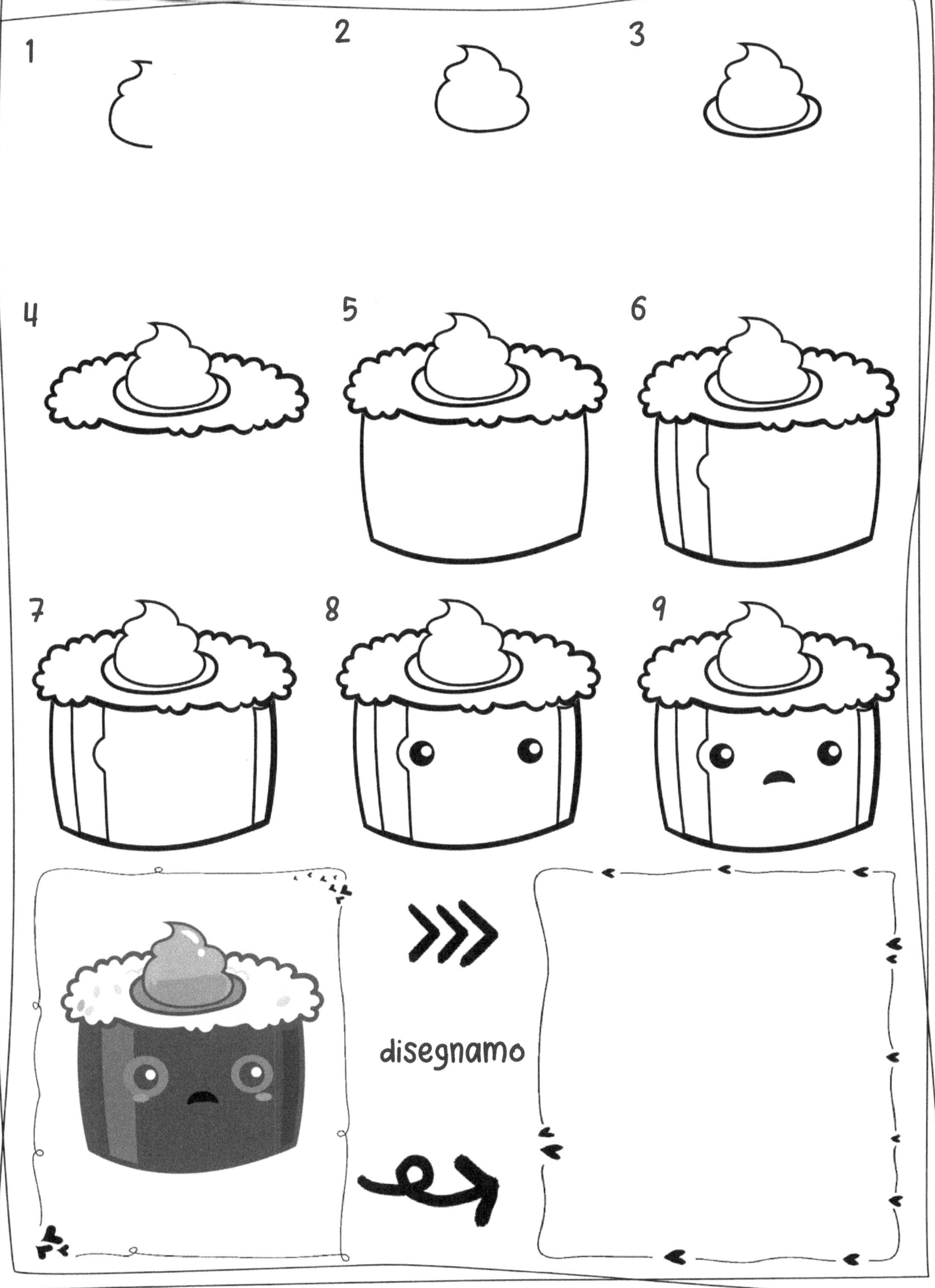

1
2
3
4
5
6
7
8
9
disegnamo

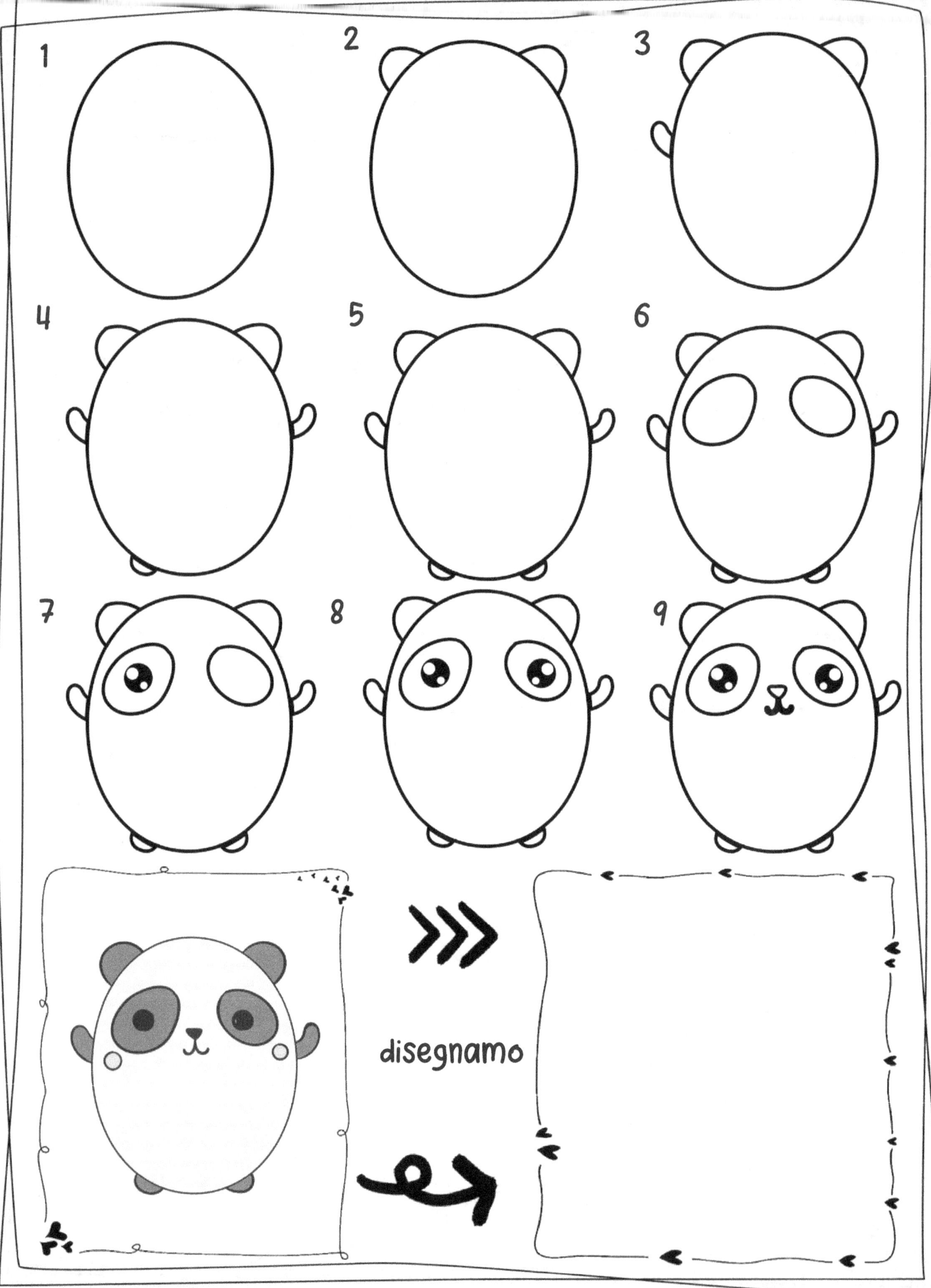

1
2
3
4
5
6
7
8
9
disegnamo

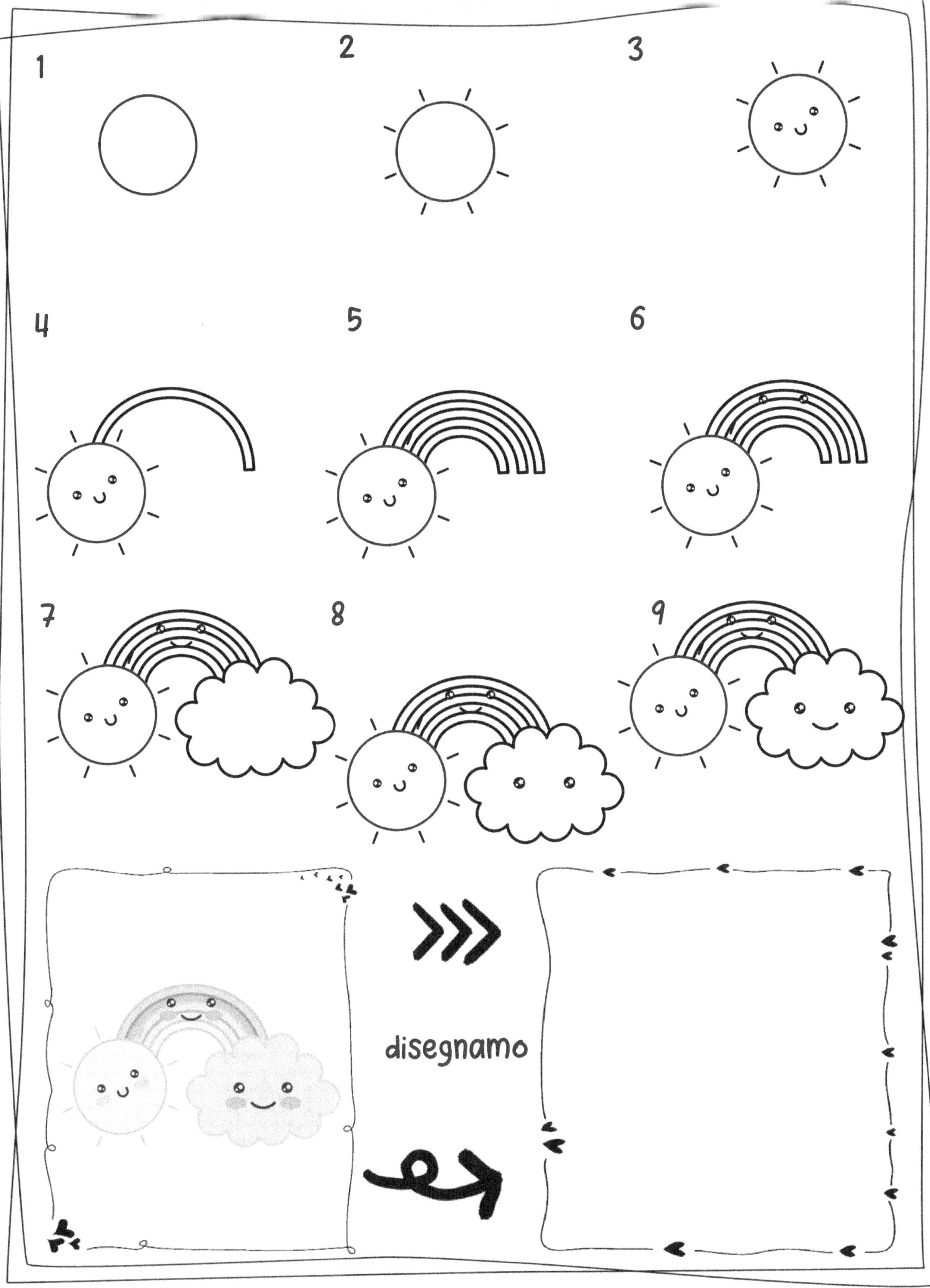

1
2
3
4
5
6
7
8
9
disegnamo

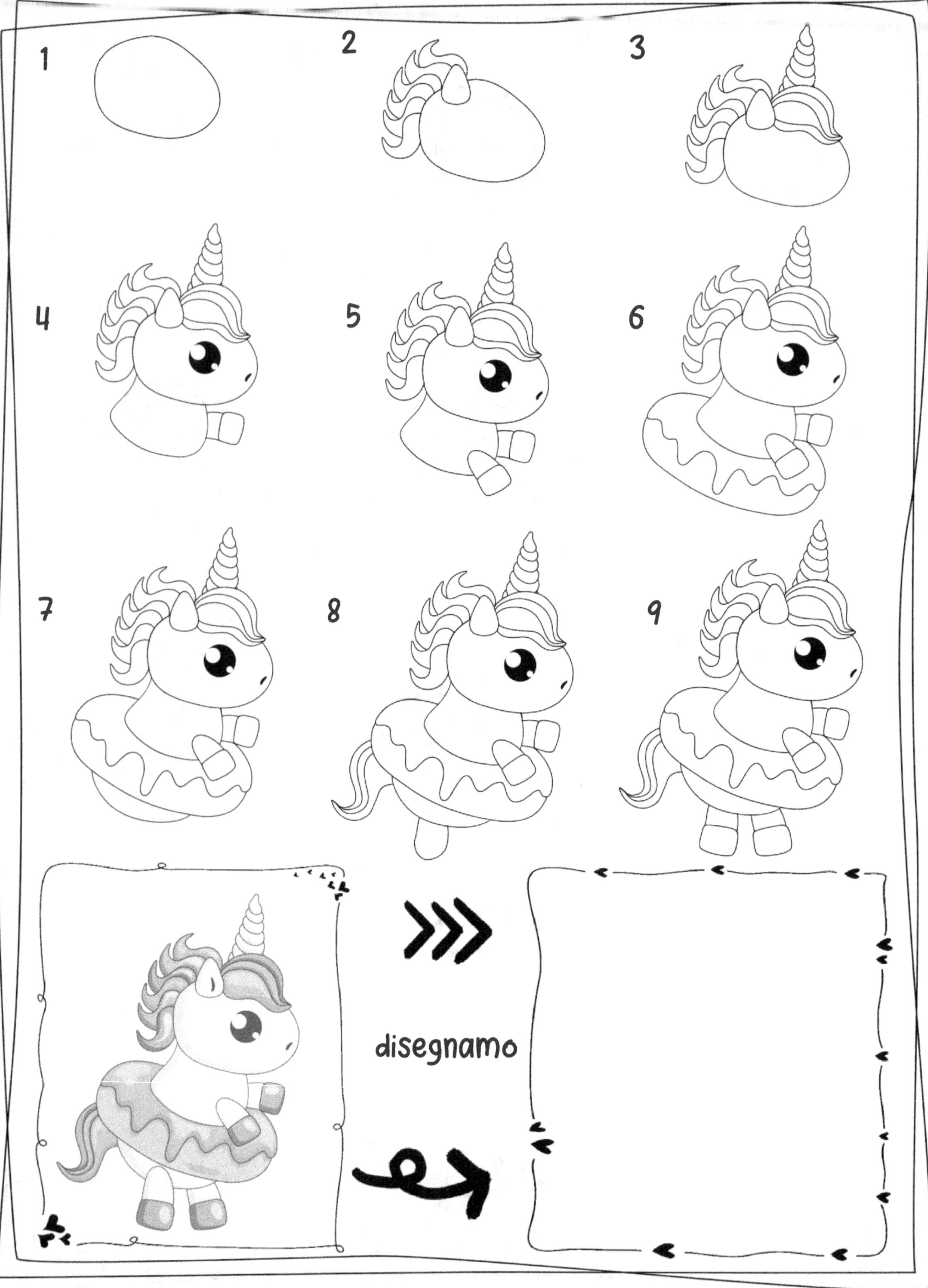
1
2
3
4
5
6
7
8
9
disegnamo

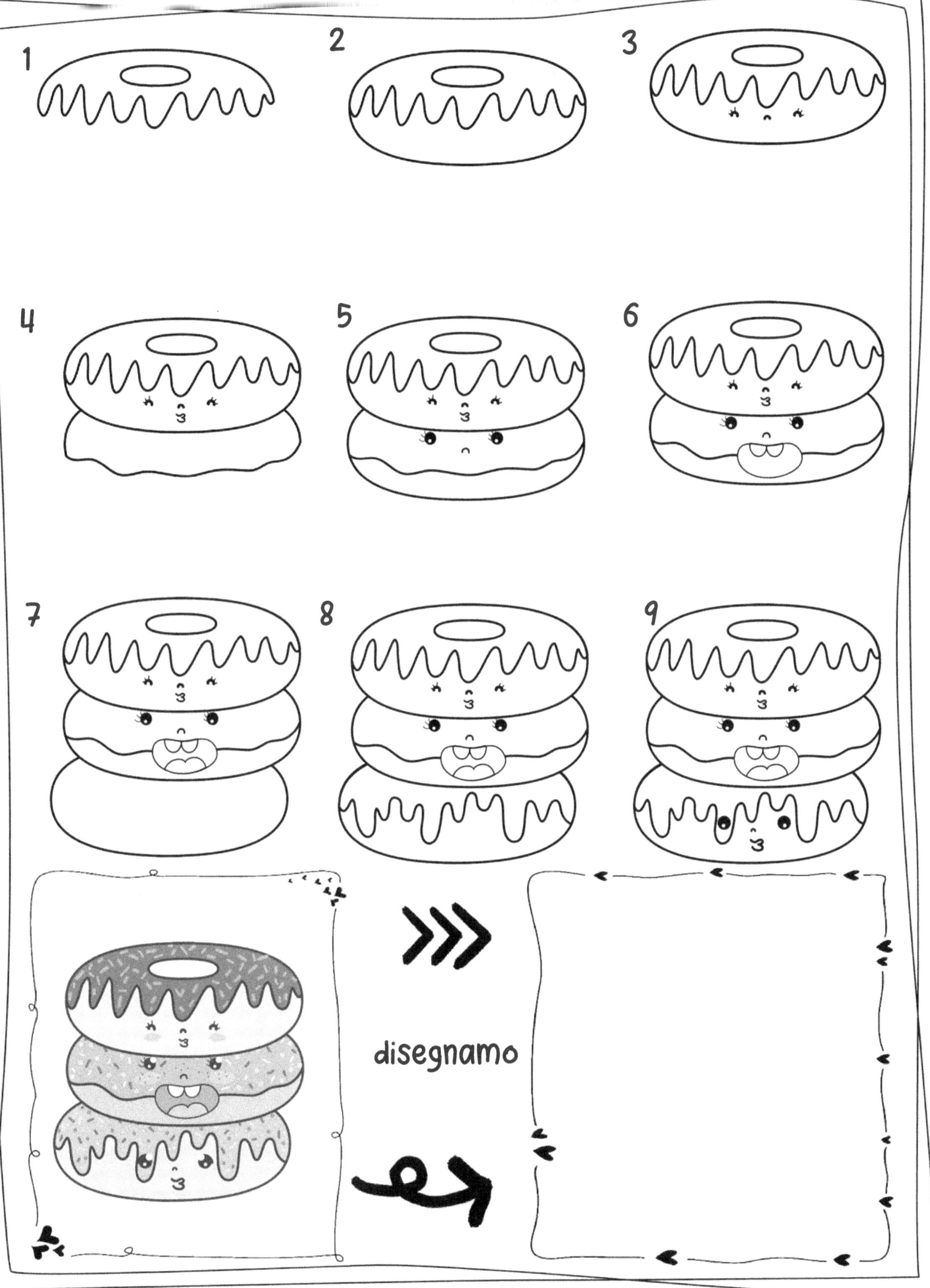

1
2
3
4
5
6
7
8
9
disegnamo

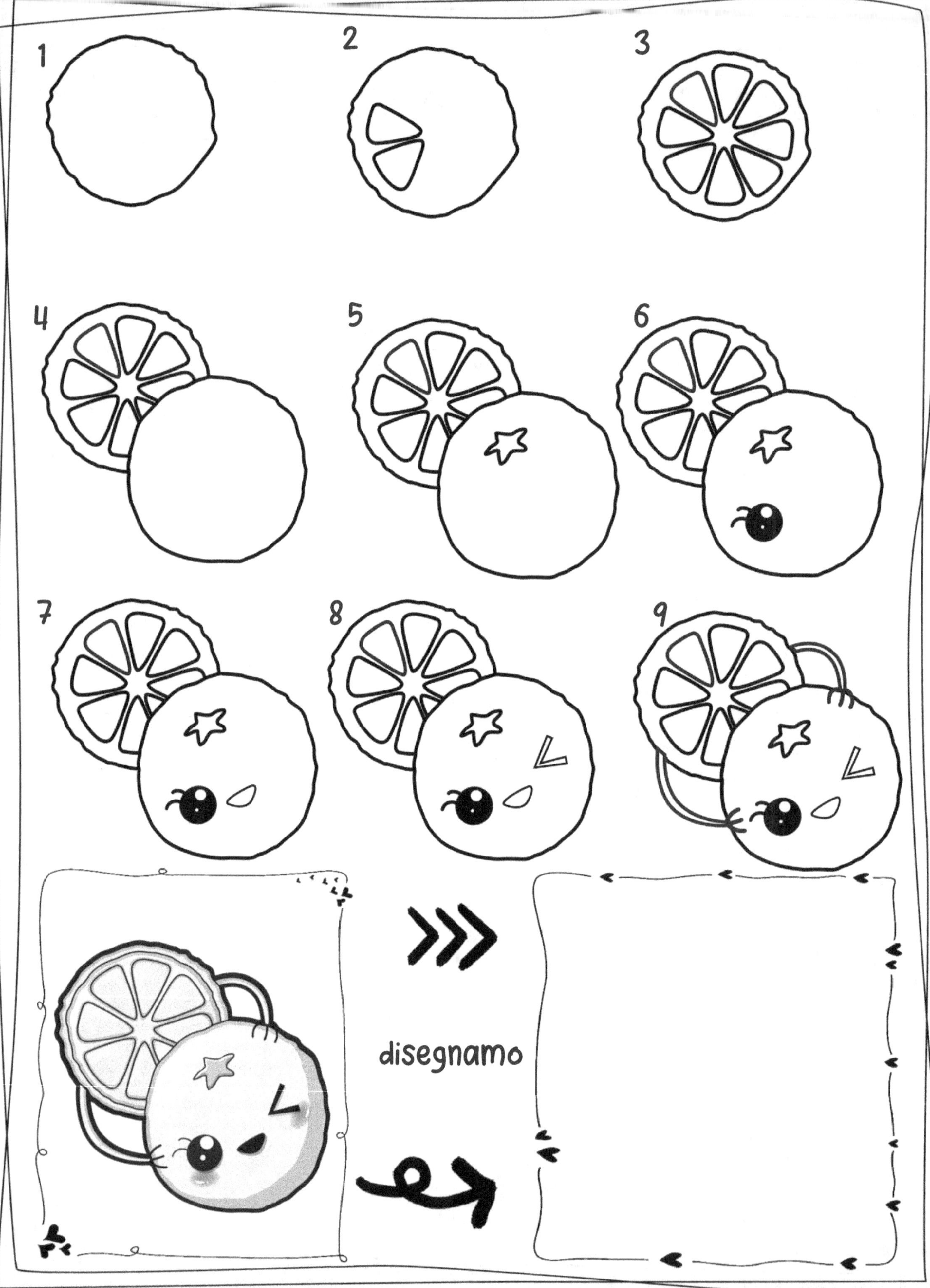

1
2
3
4
5
6
7
8
9
disegnamo

1
2
3
4
5
6
7
8
9
disegnamo

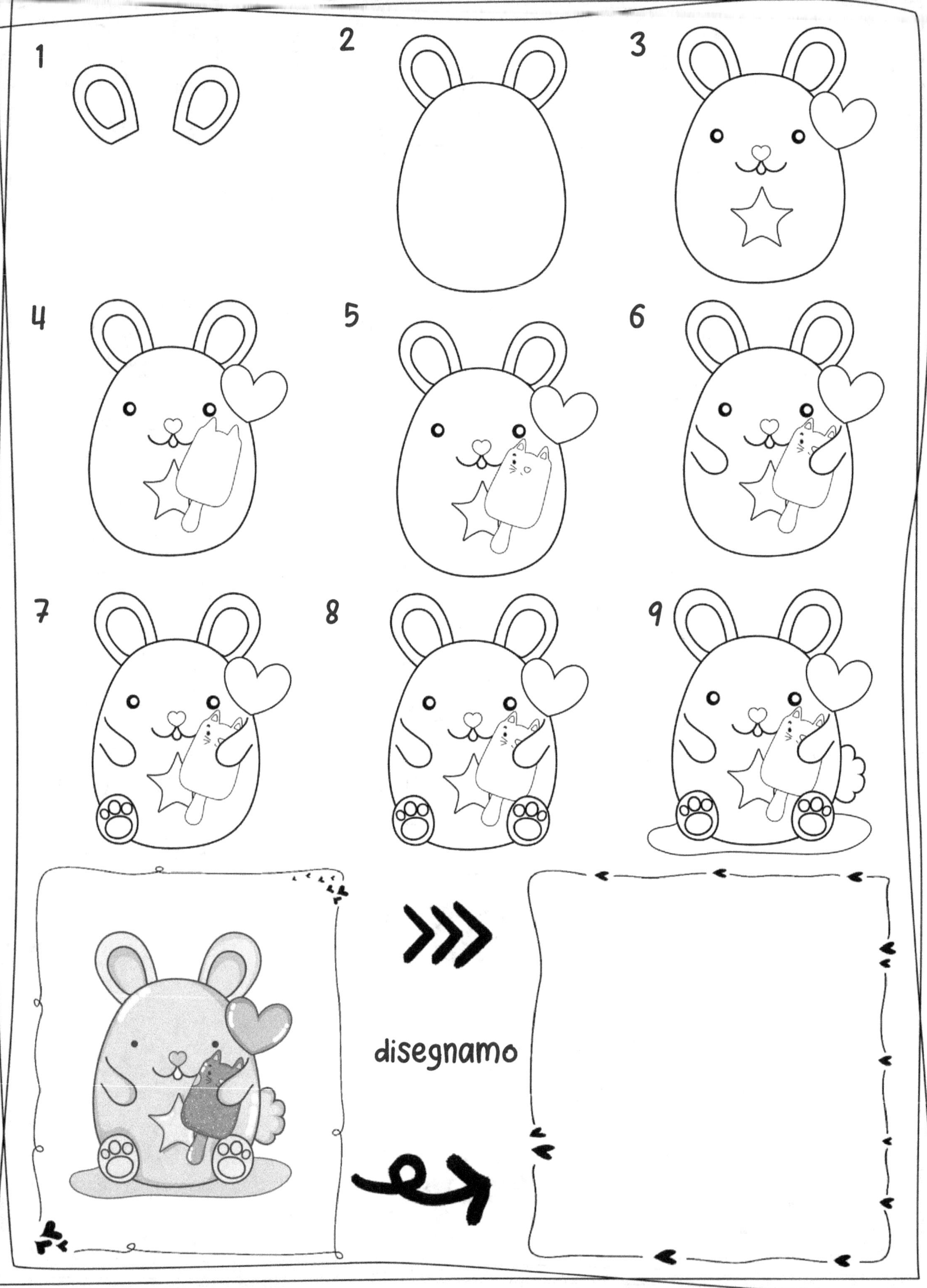

1
2
3
4
5
6
7
8
9
disegnamo

1
2
3
4
5
6
7
8
9
disegnamo

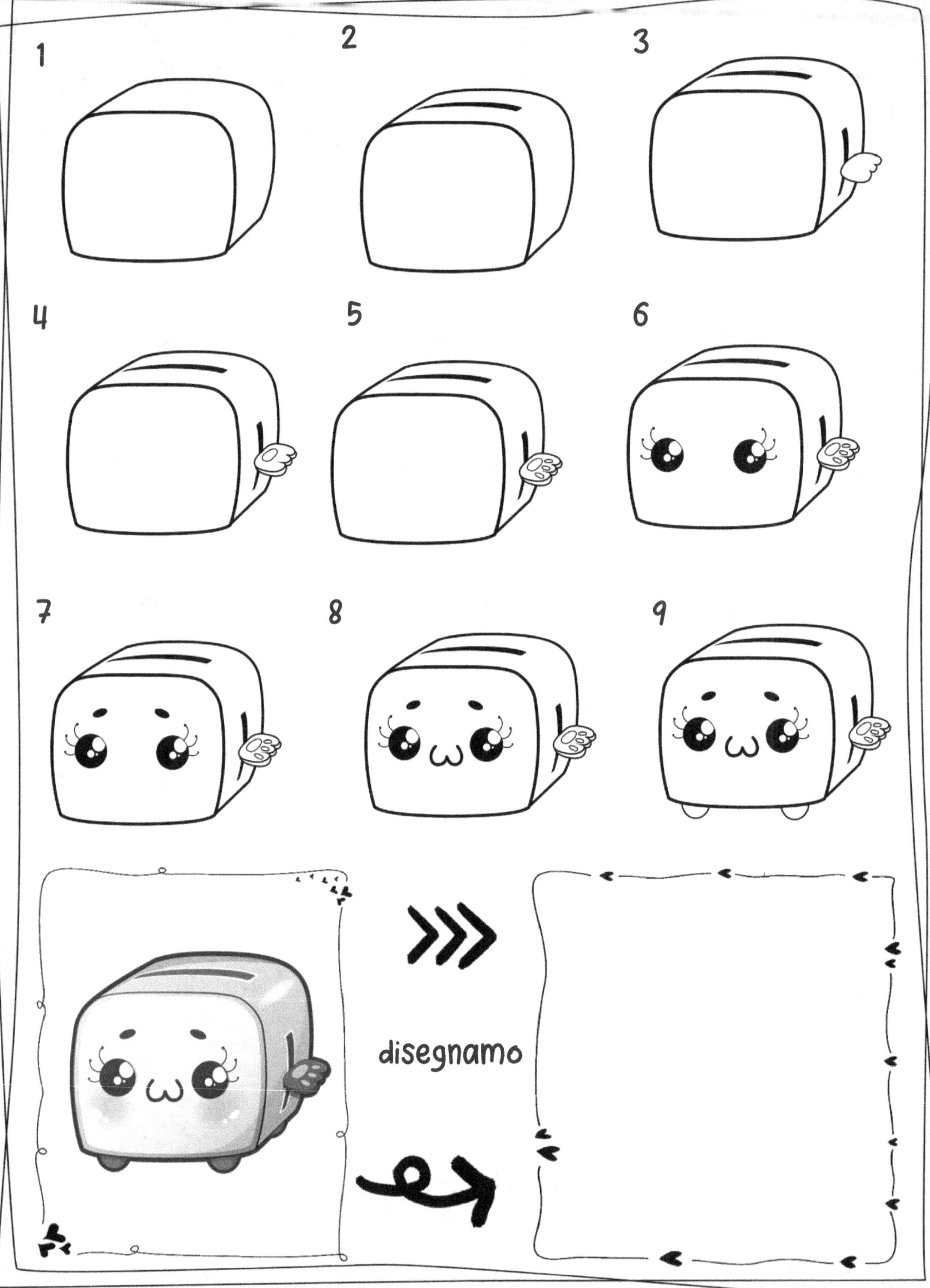

1
2
3
4
5
6
7
8
9
disegnamo

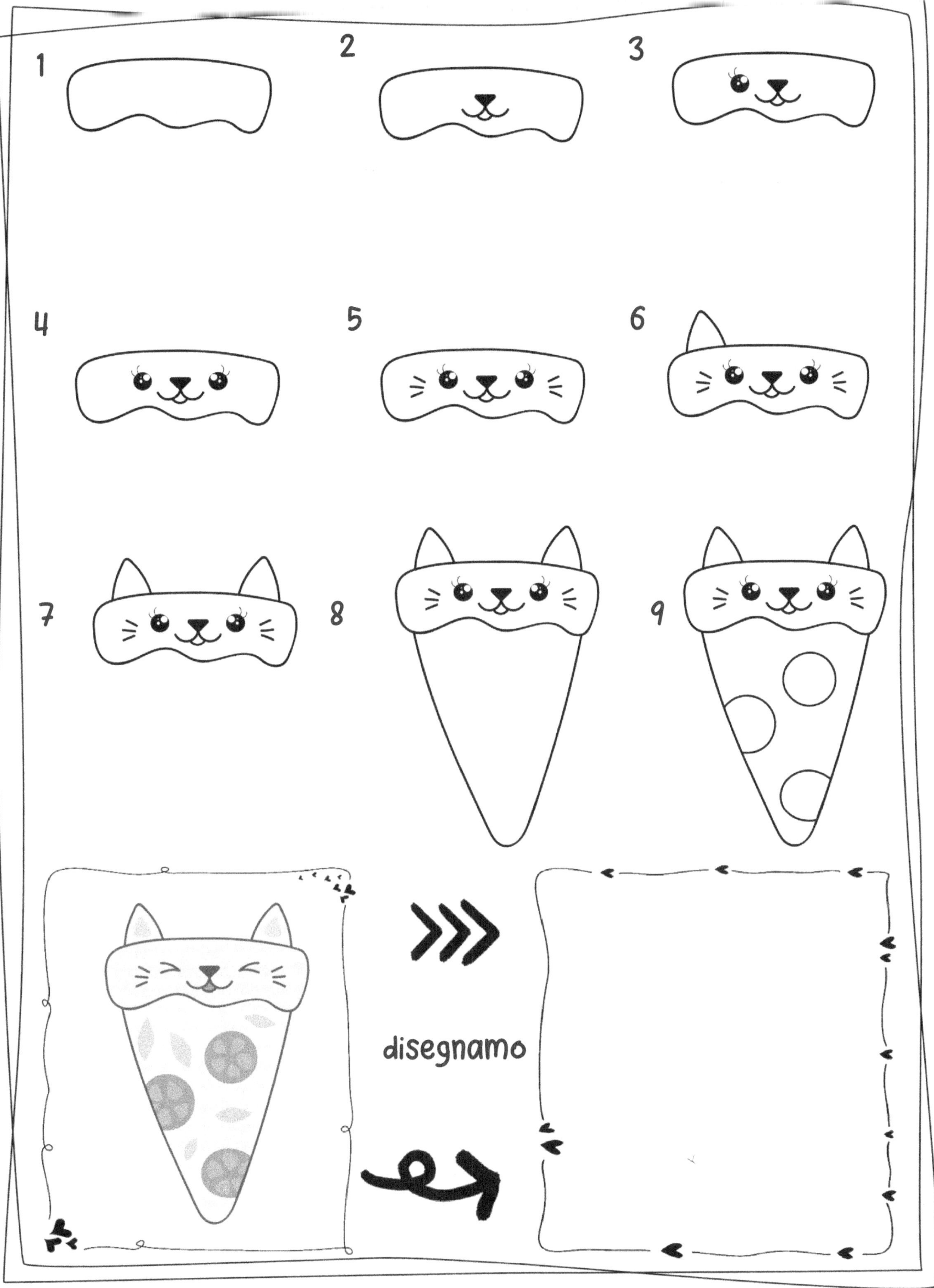

1
2
3
4
5
6
7
8
9
disegnamo

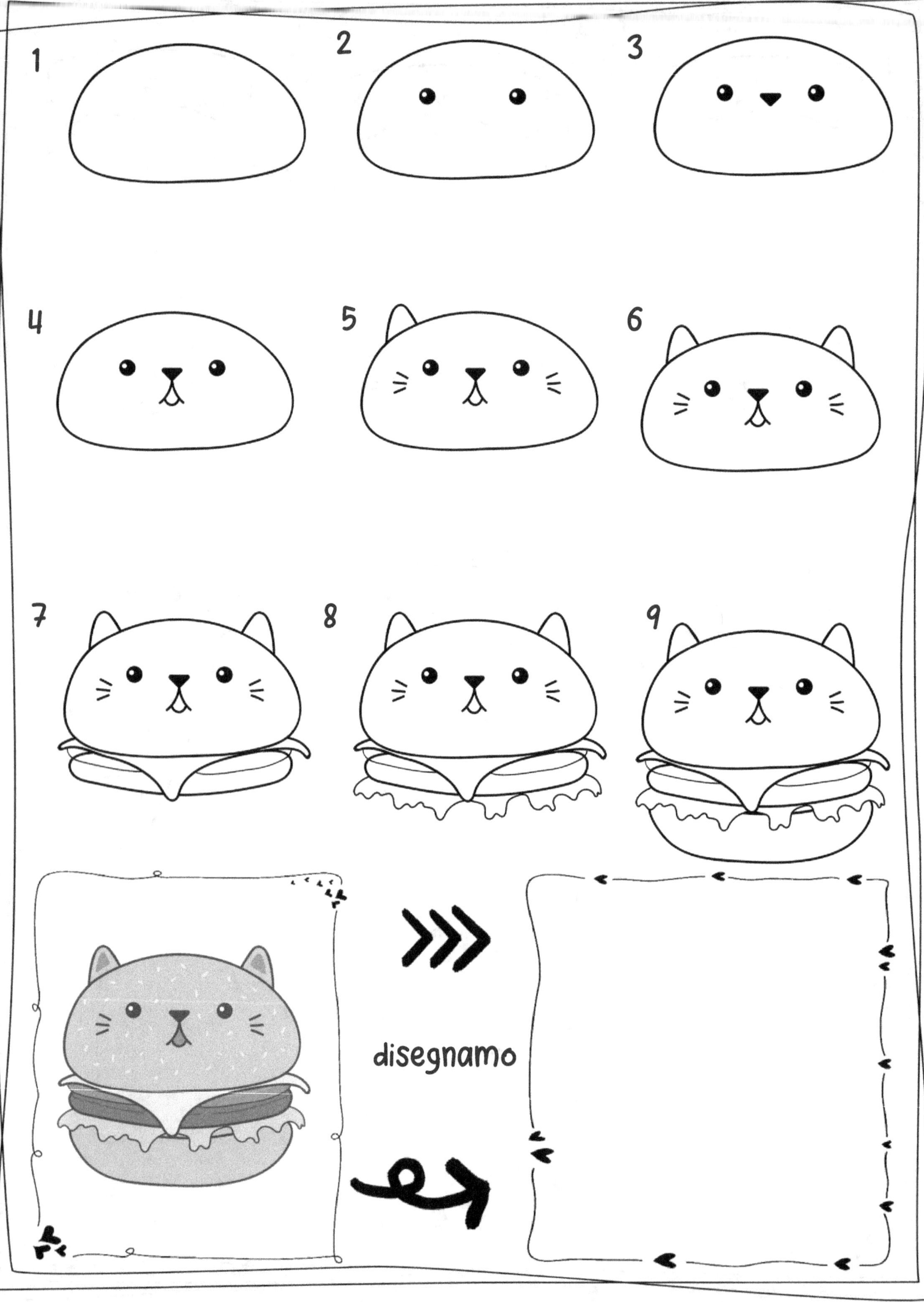
1
2
3
4
5
6
7
8
9
disegnamo

1
2
3
4
5
6
7
8
9
disegnamo

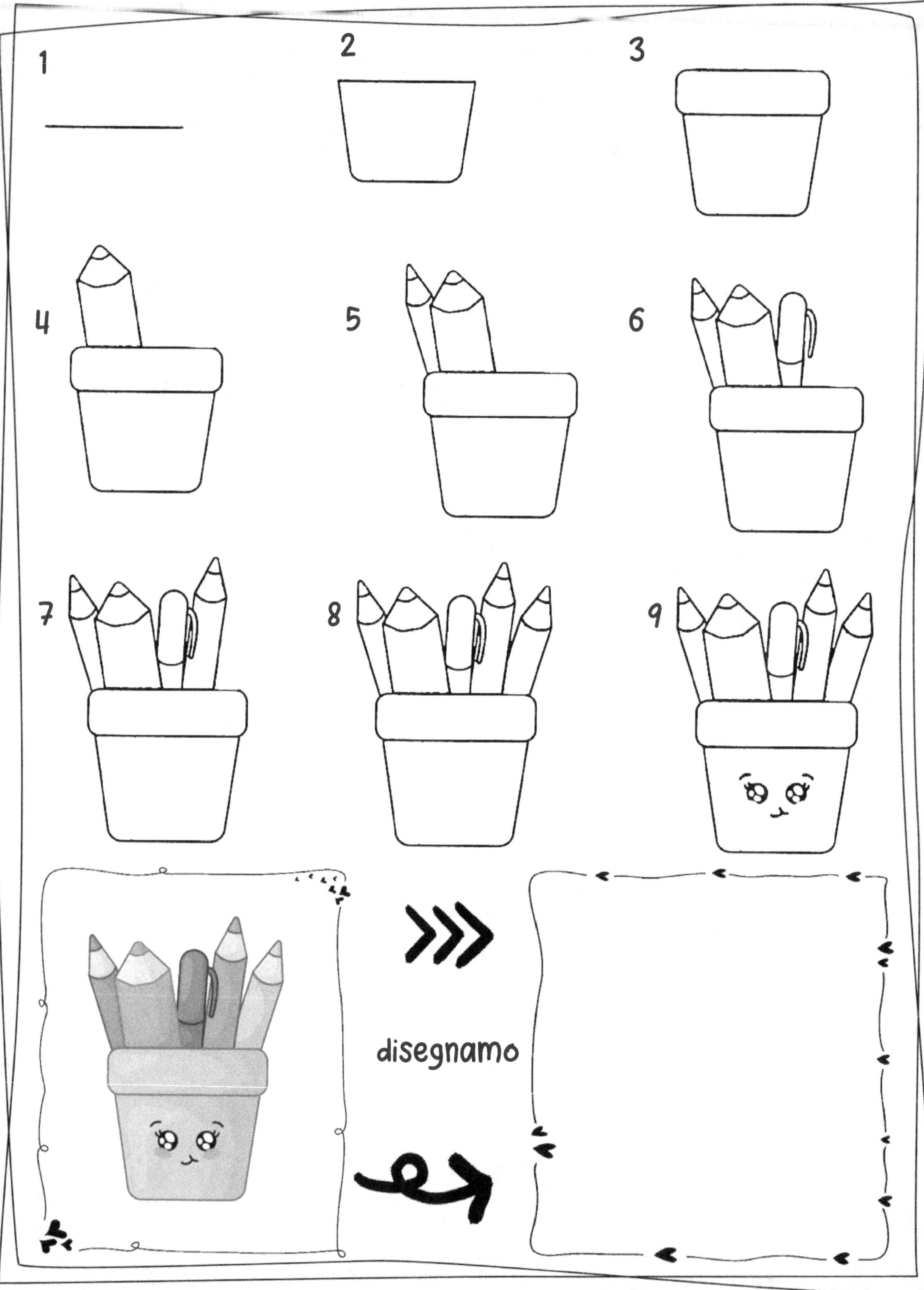

1
2
3
4
5
6
7
8
9
disegnamo

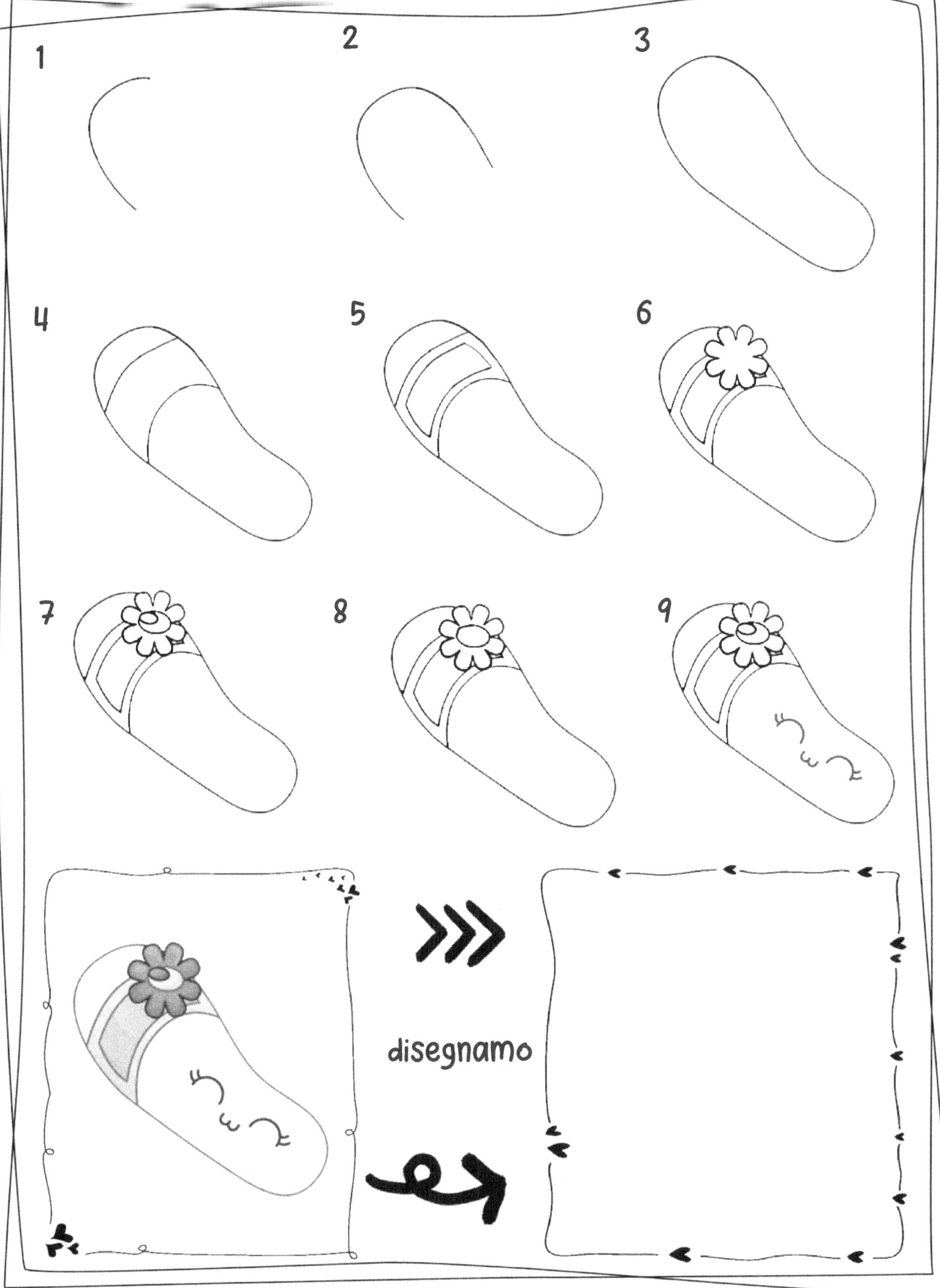

1
2
3
4
5
6
7
8
9
disegnamo

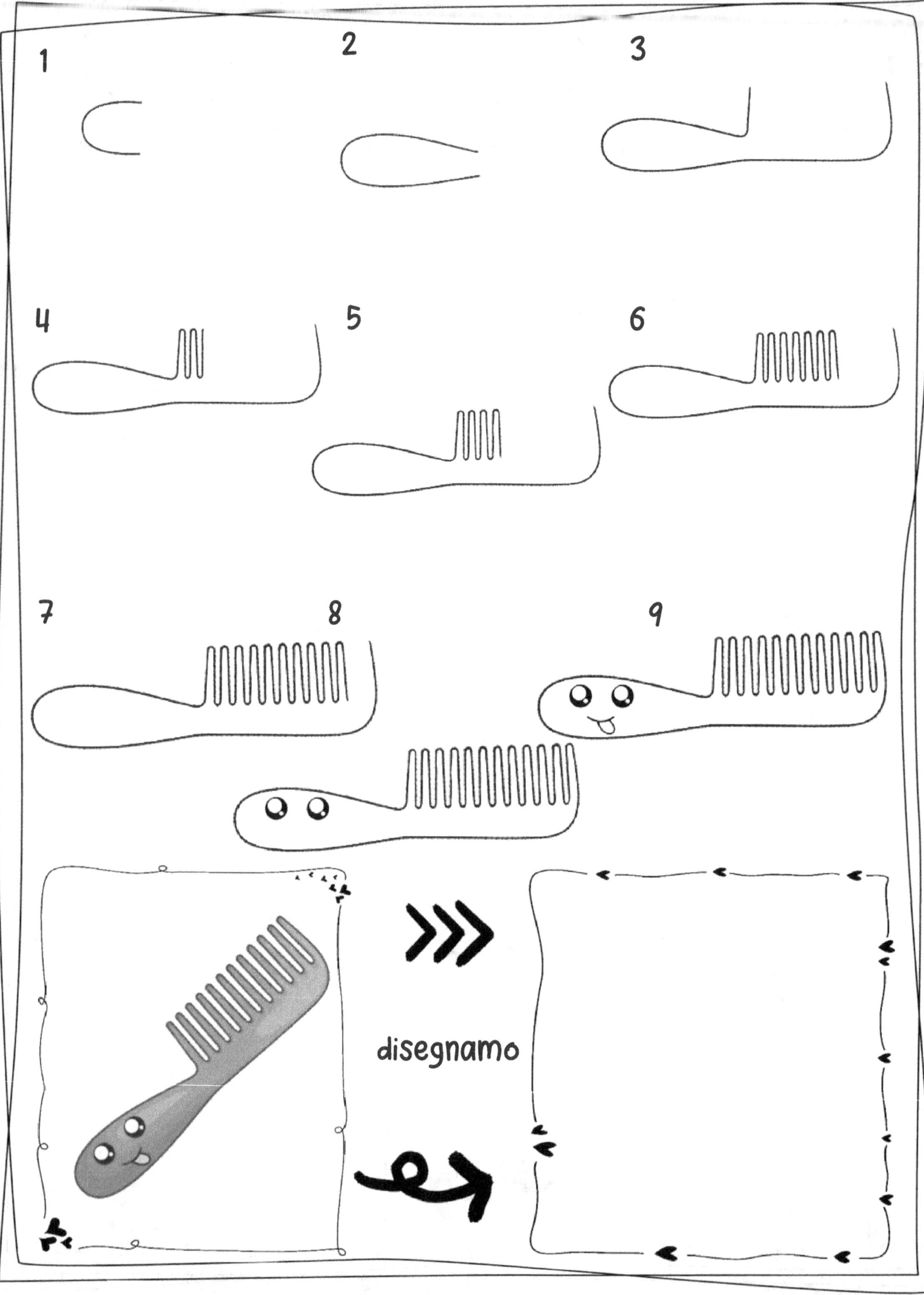
1
2
3
4
5
6
7
8
9
disegnamo

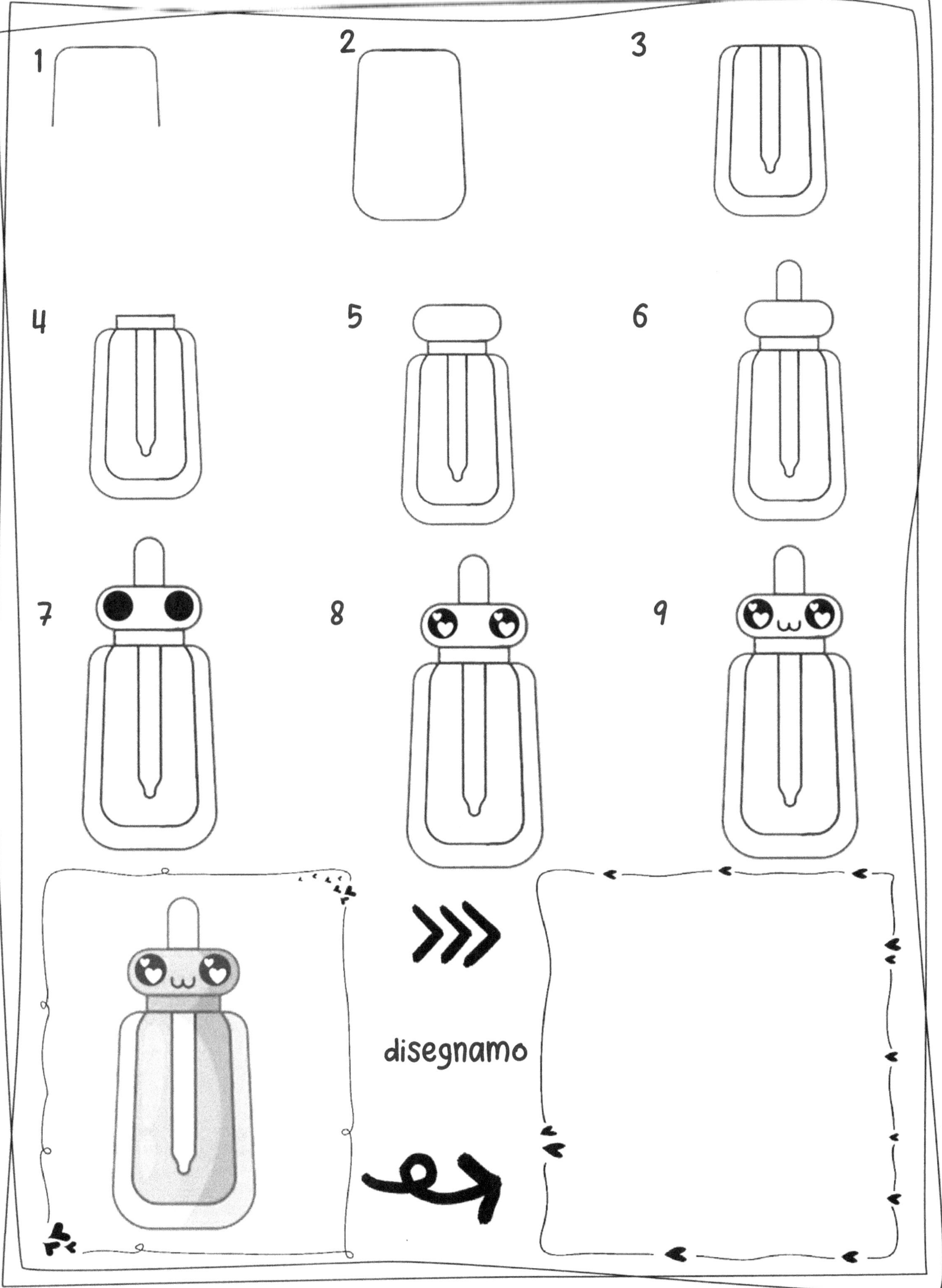

1
2
3
4
5
6
7
8
9
disegnamo

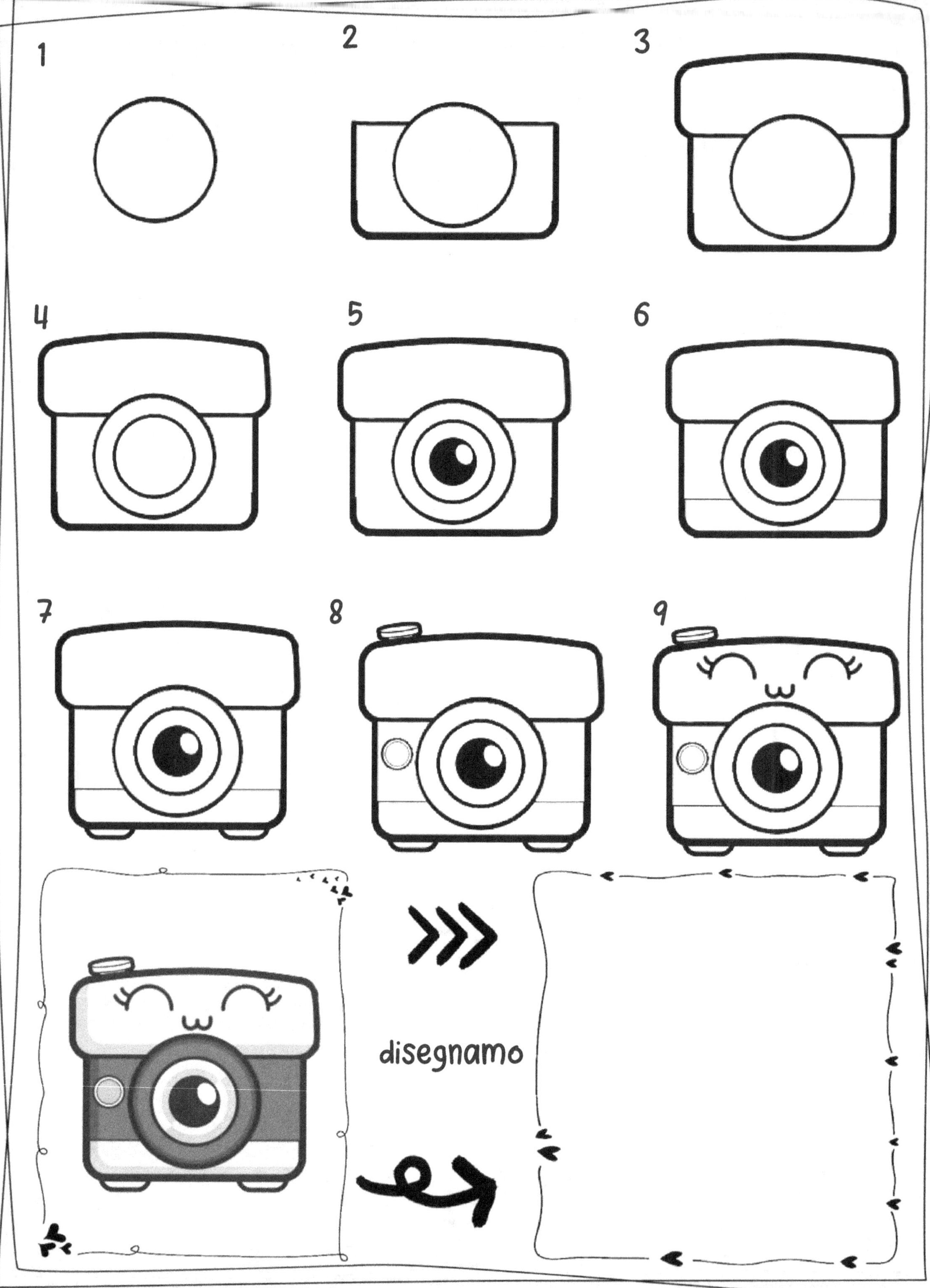

1
2
3
4
5
6
7
8
9
disegnamo

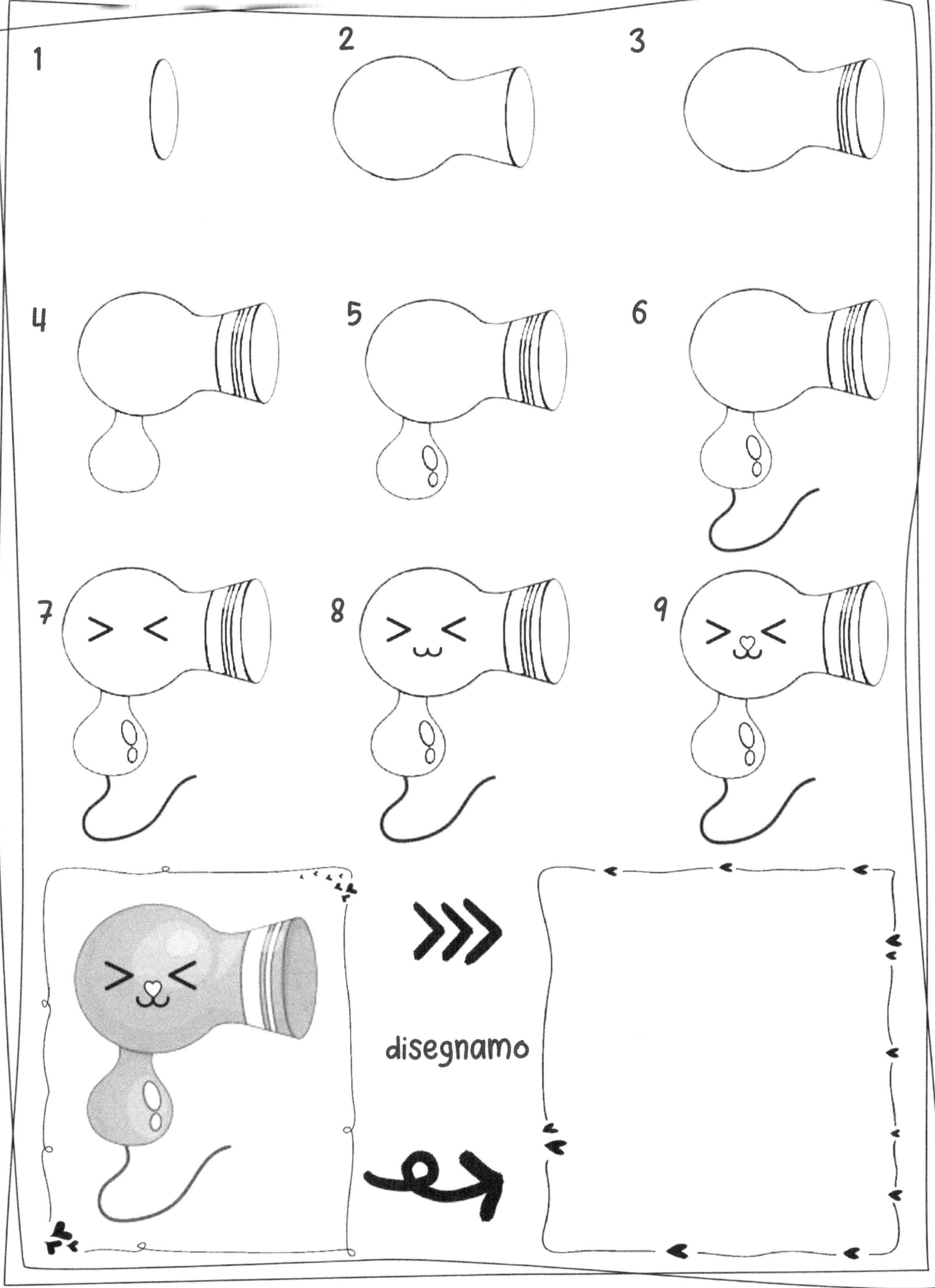

1
2
3
4
5
6
7
8
9
disegnamo

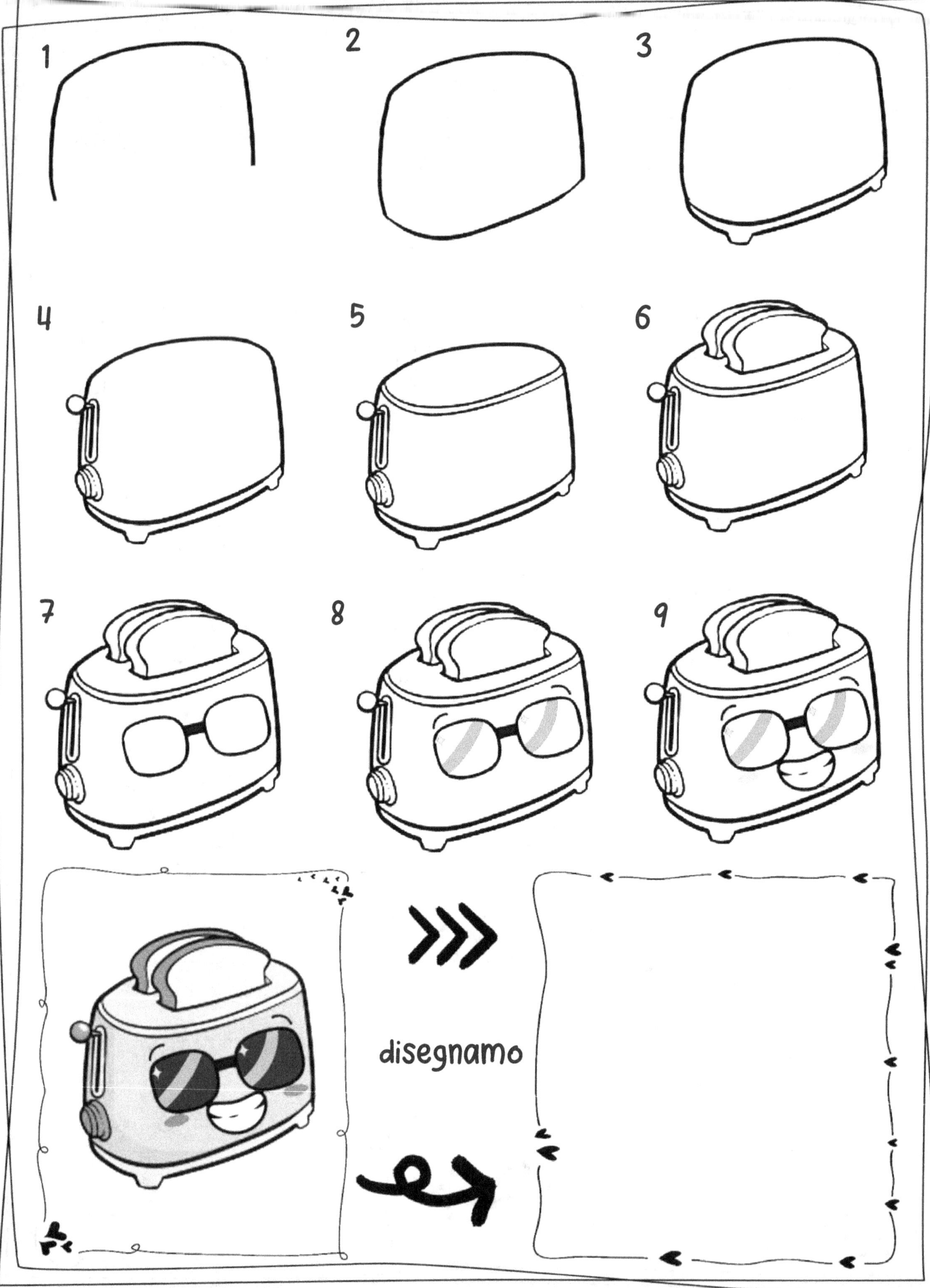

1
2
3
4
5
6
7
8
9
disegnamo

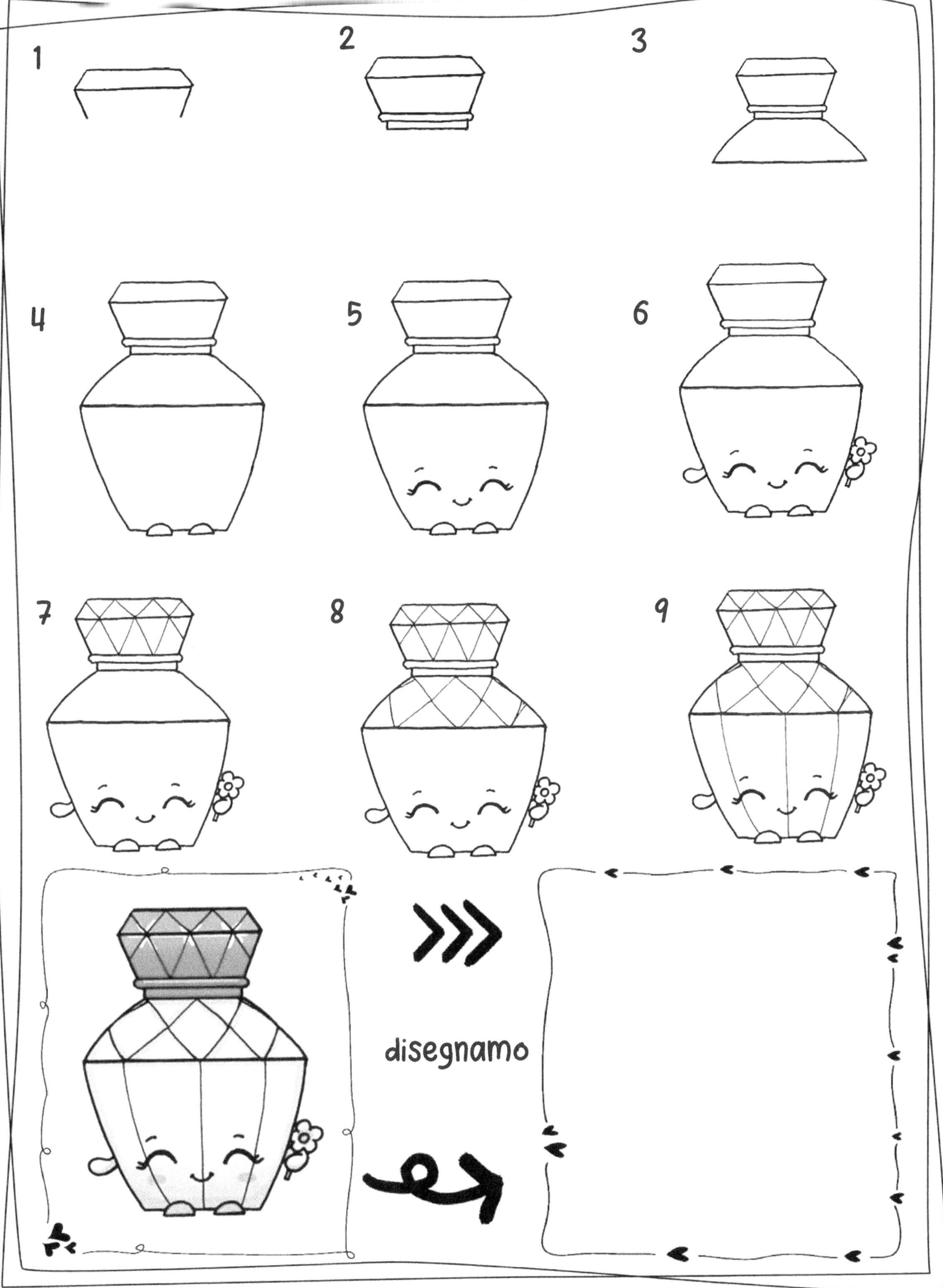

1
2
3
4
5
6
7
8
9
disegnamo

1
2
3
4
5
6
7
8
9
disegnamo

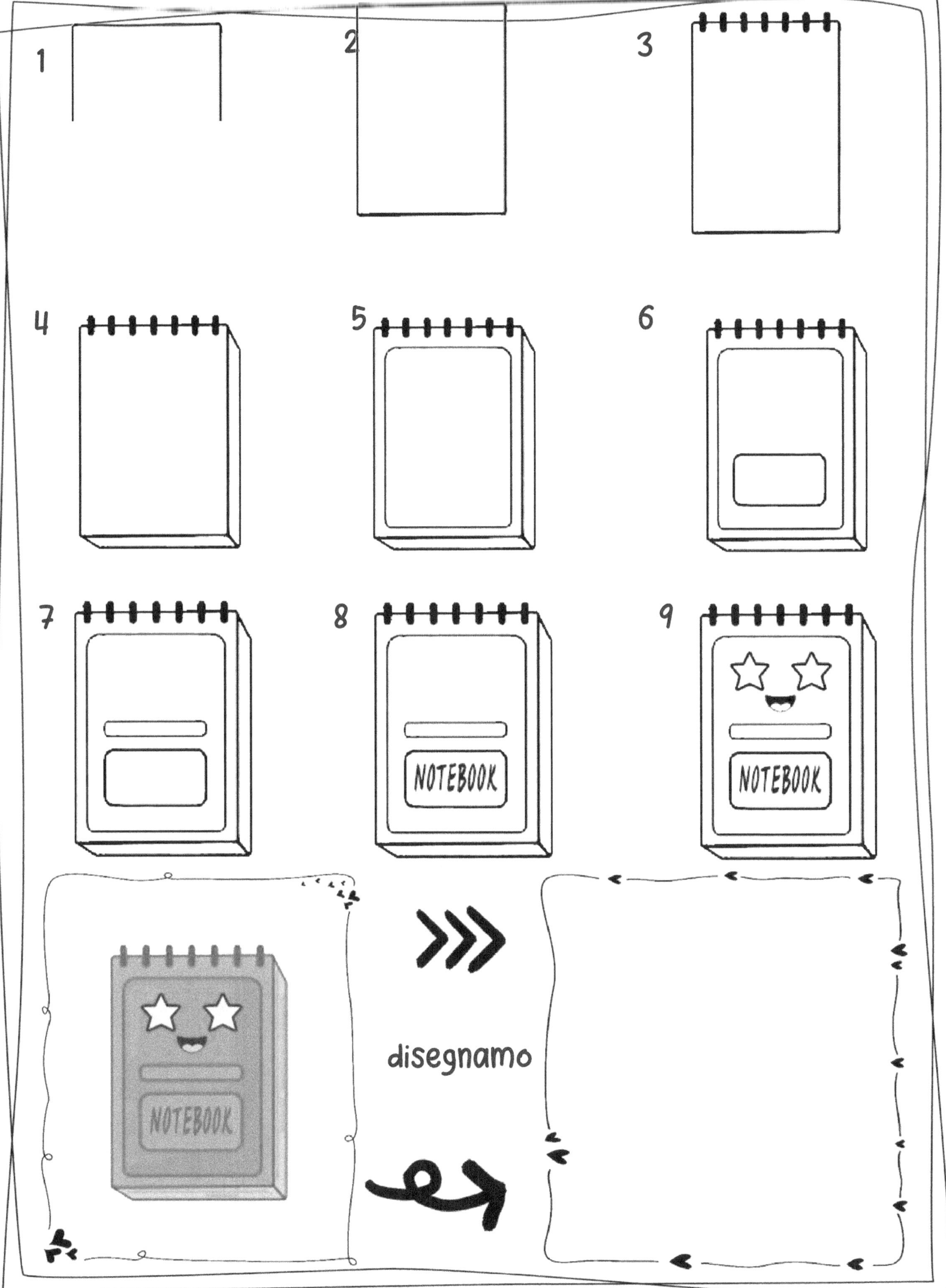

1
2
3
4
5
6
7
NOTEBOOK
8
NOTEBOOK
9
NOTEBOOK
NOTEBOOK
disegnamo

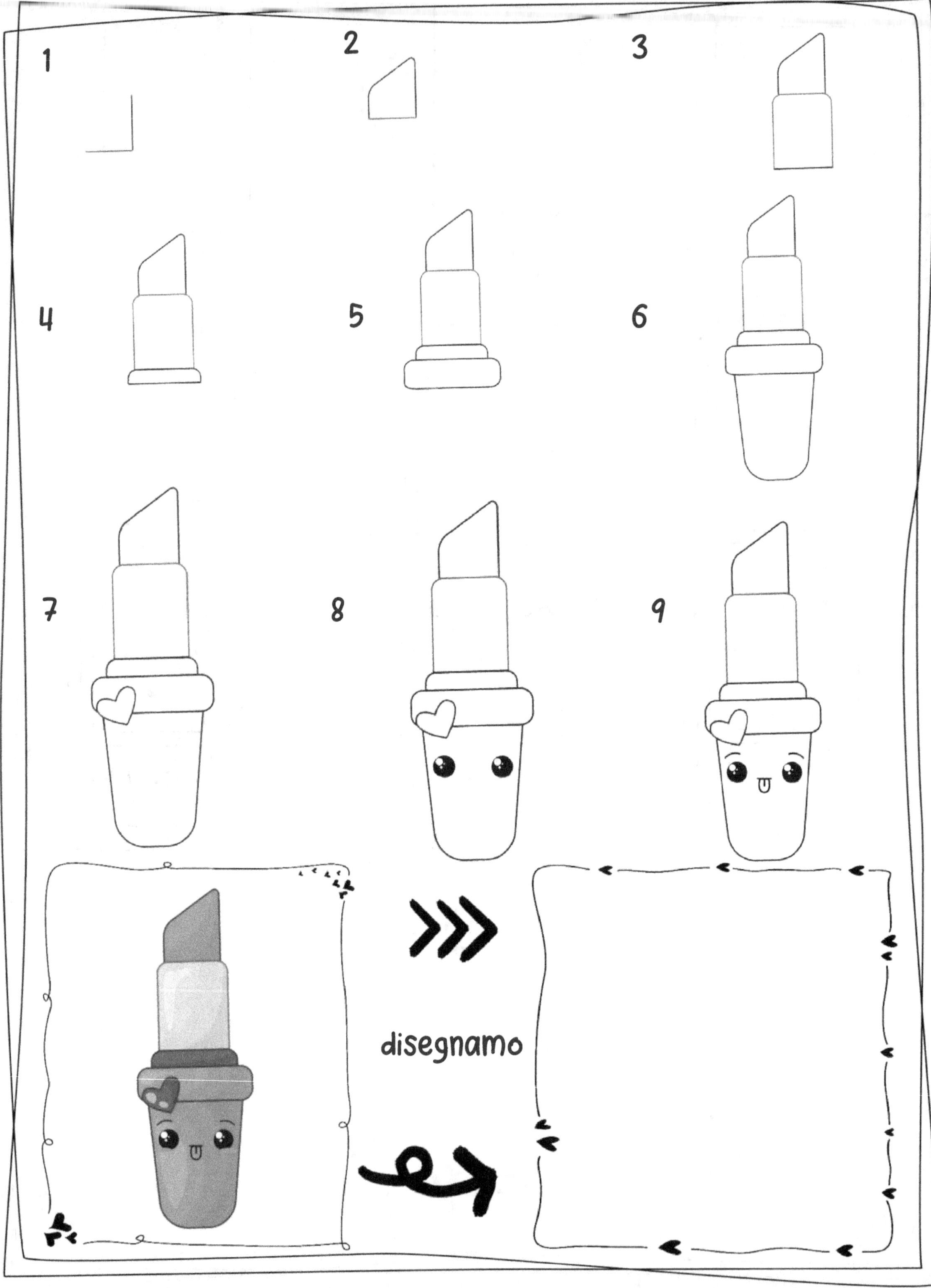

1

2

3

4

5

6

7

8

9

disegnamo

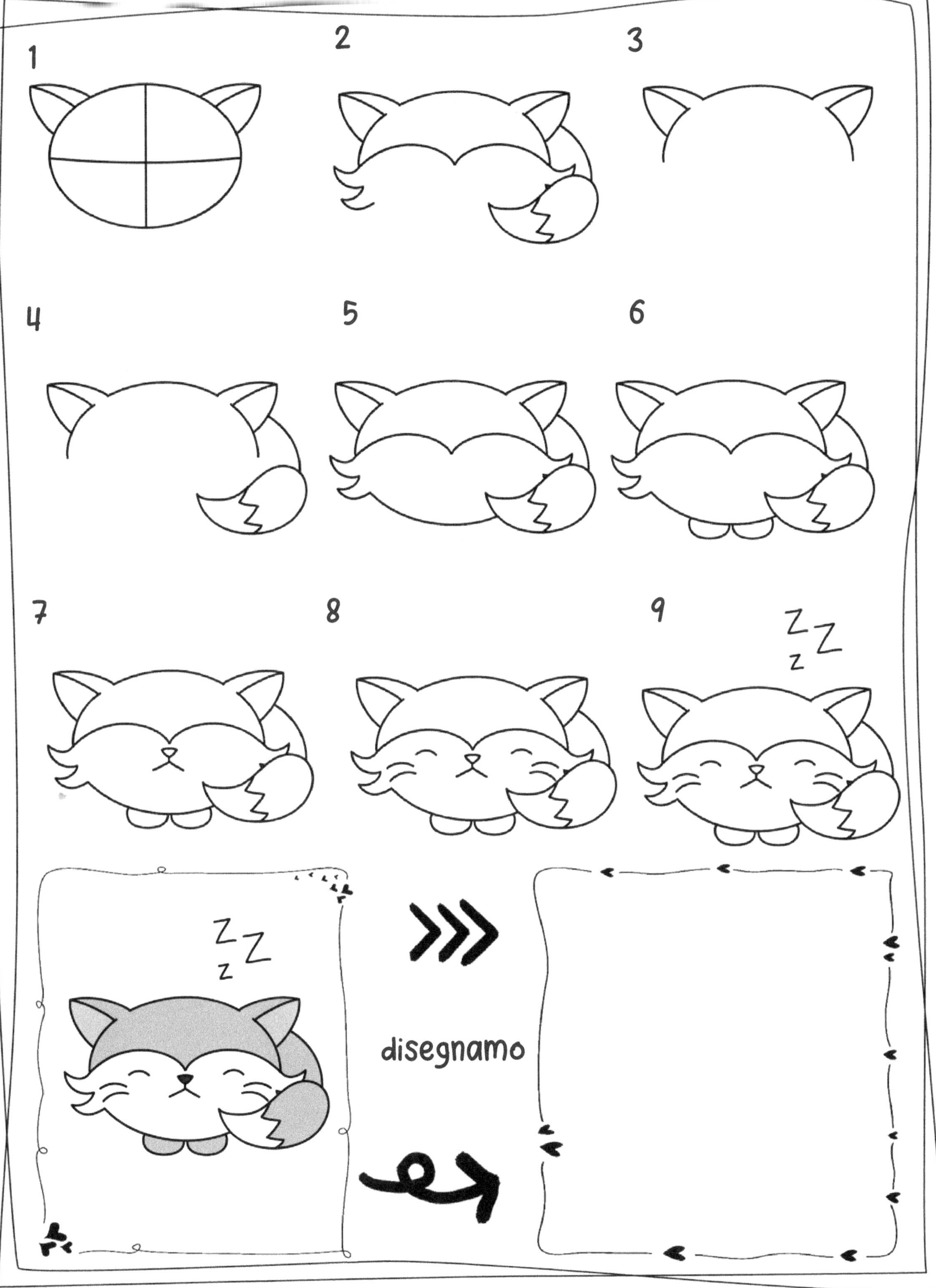
disegnamo

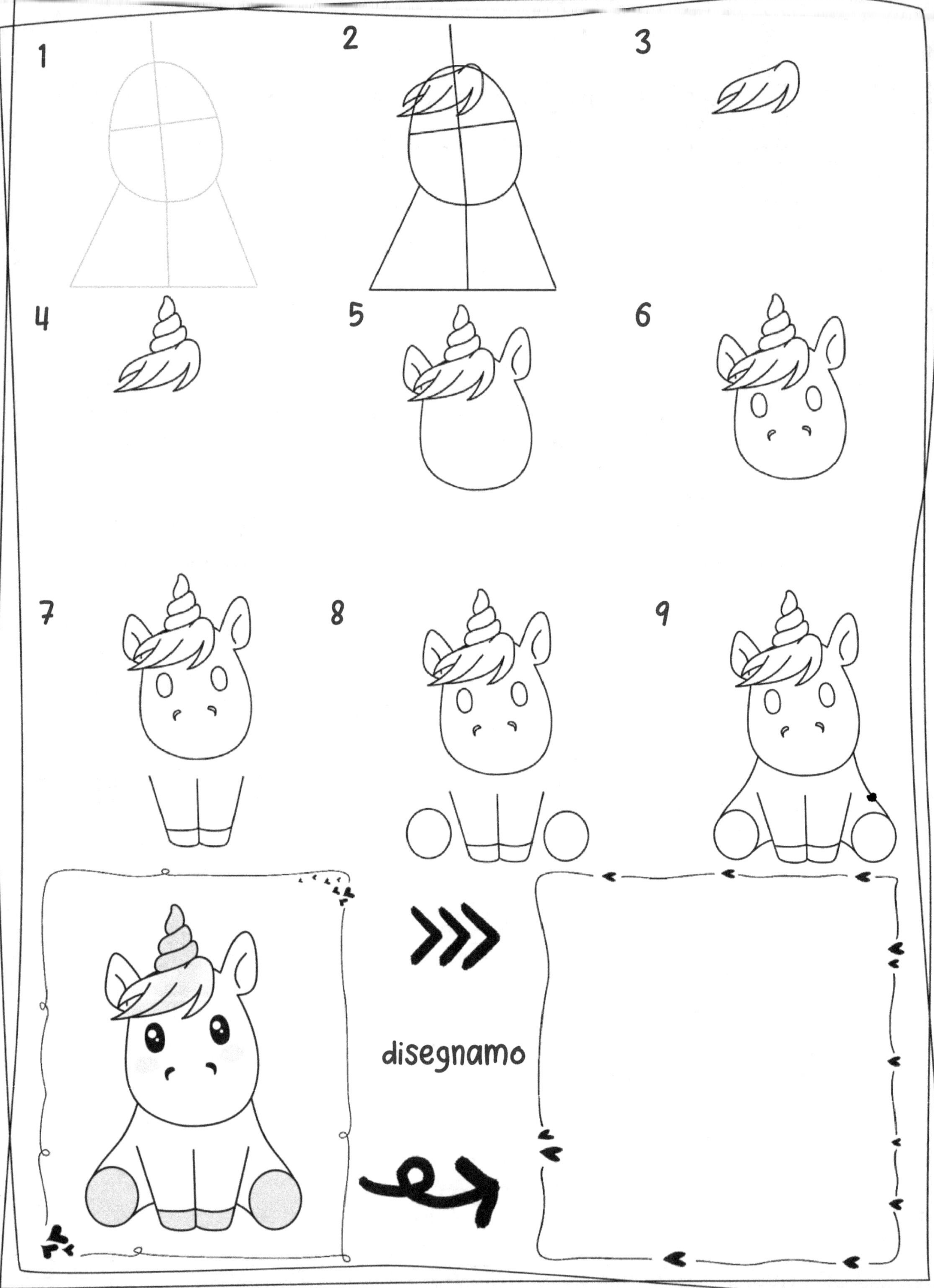
1
2
3
4
5
6
7
8
9
disegnamo

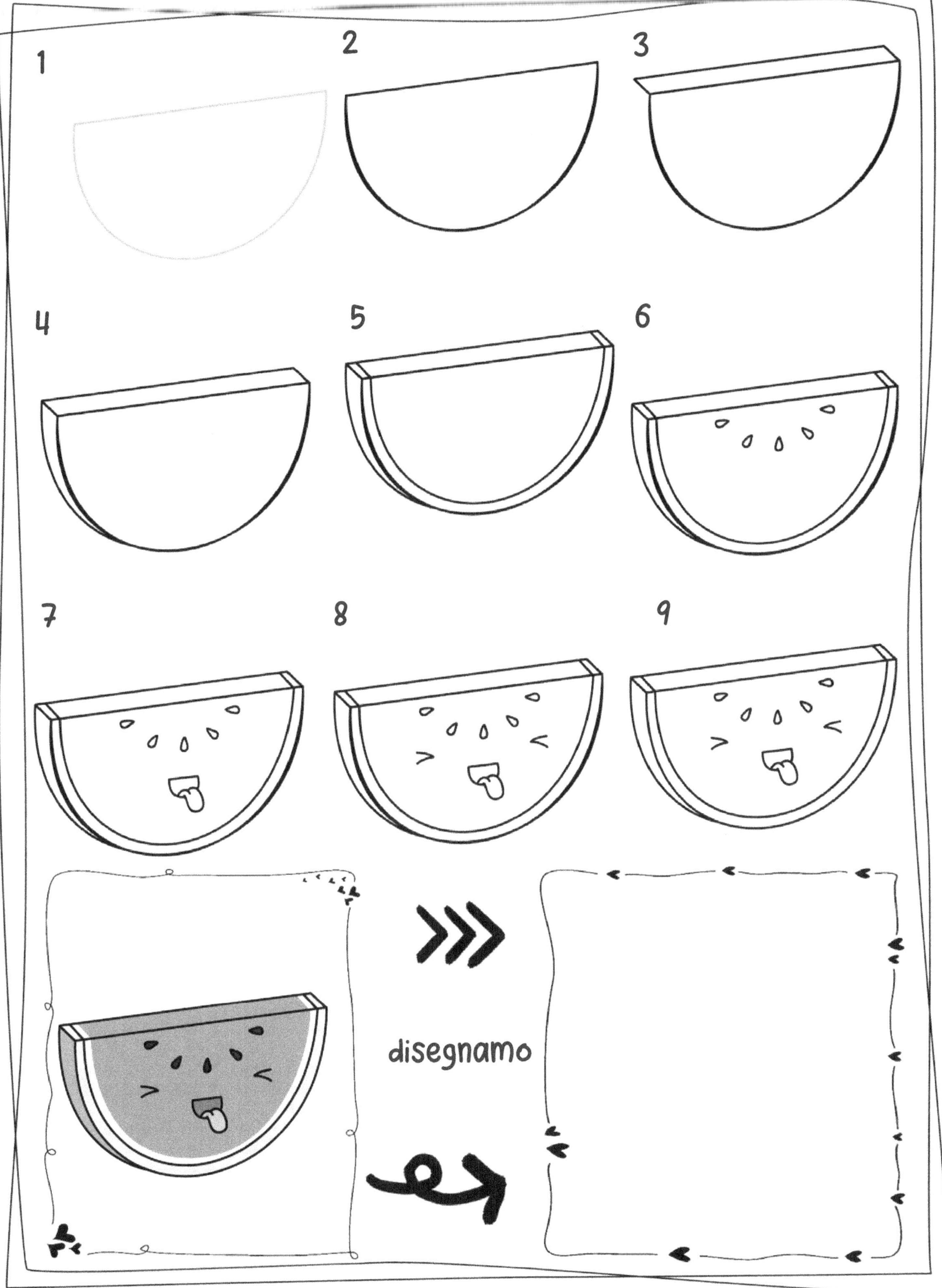

1
2
3
4
5
6
7
8
9
disegnamo

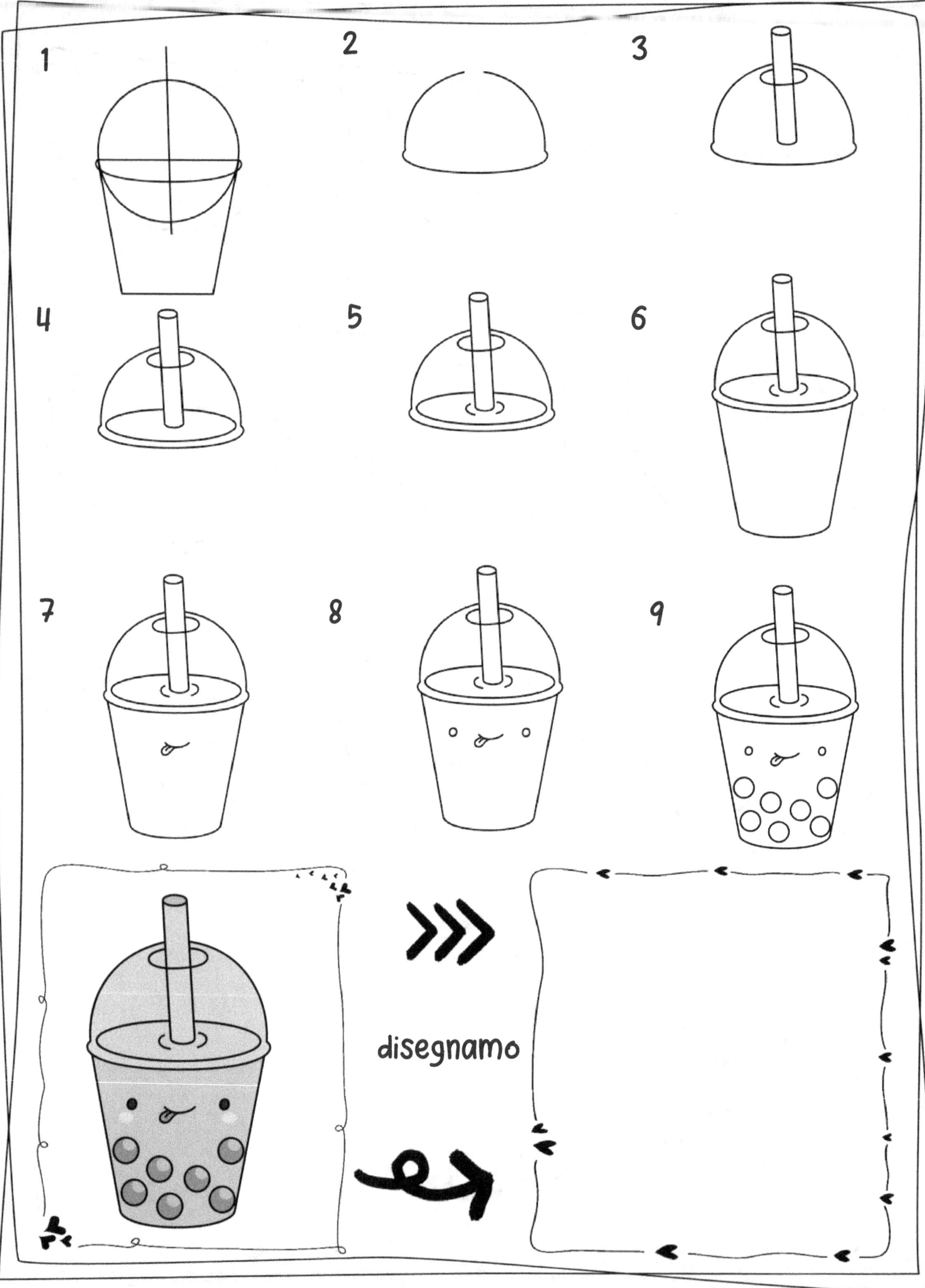

1
2
3
4
5
6
7
8
9
disegnamo

1
2
3
4
5
6
7
8
9
disegnamo

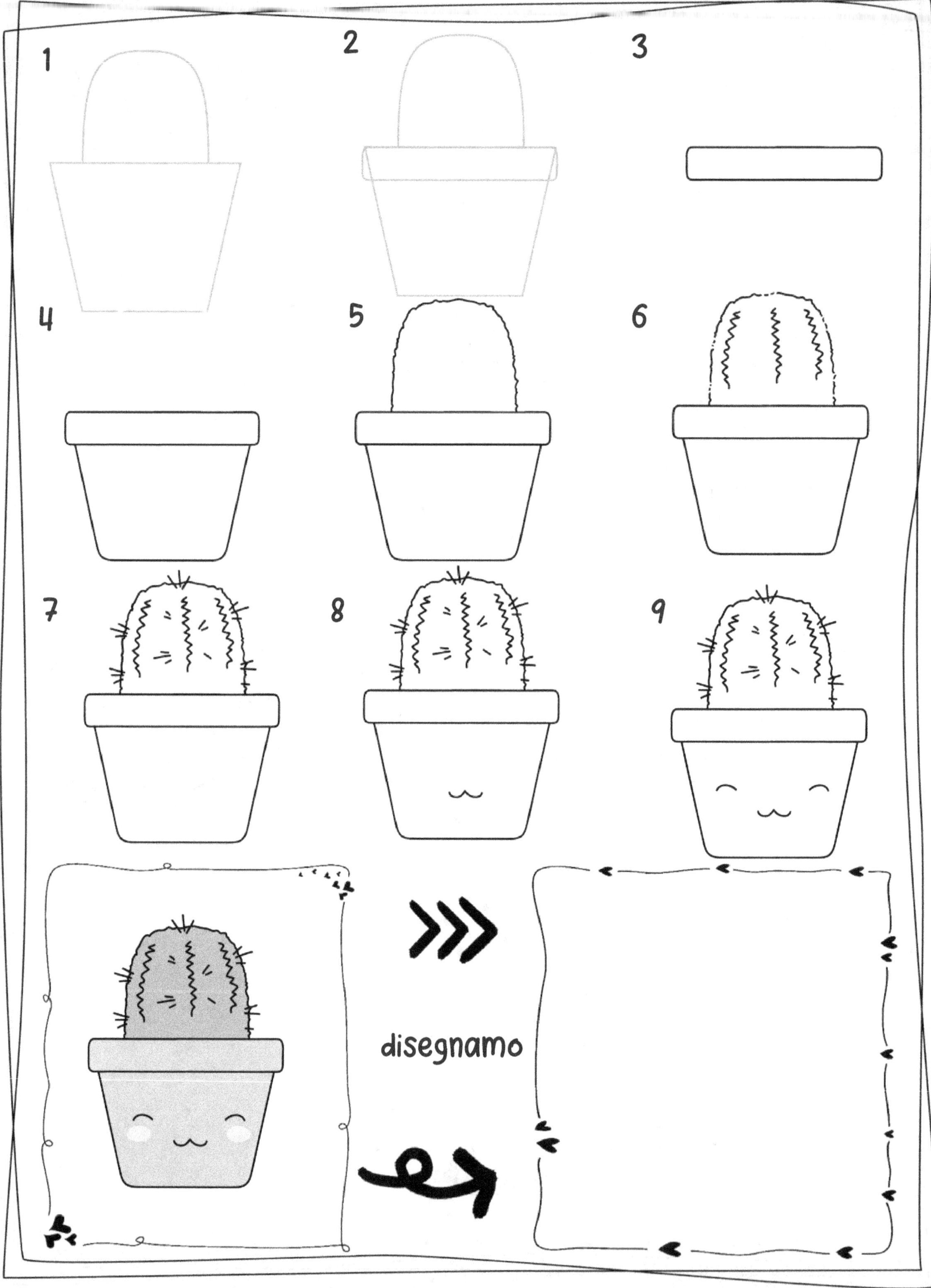

1
2
3
4
5
6
7
8
9
disegnamo

1
2
3
4
5
6
7
8
9
disegnamo

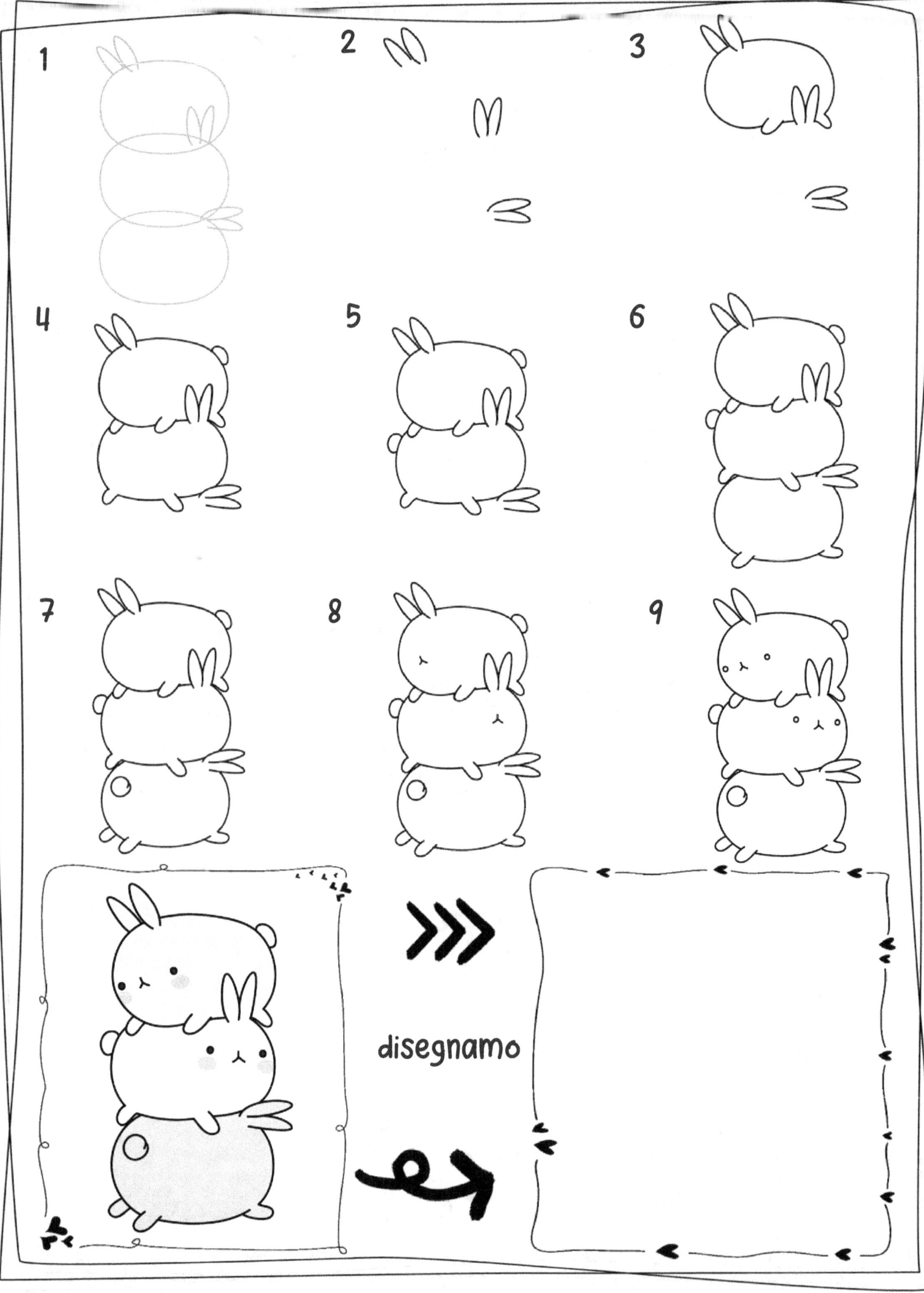
1
2
3
4
5
6
7
8
9
disegnamo

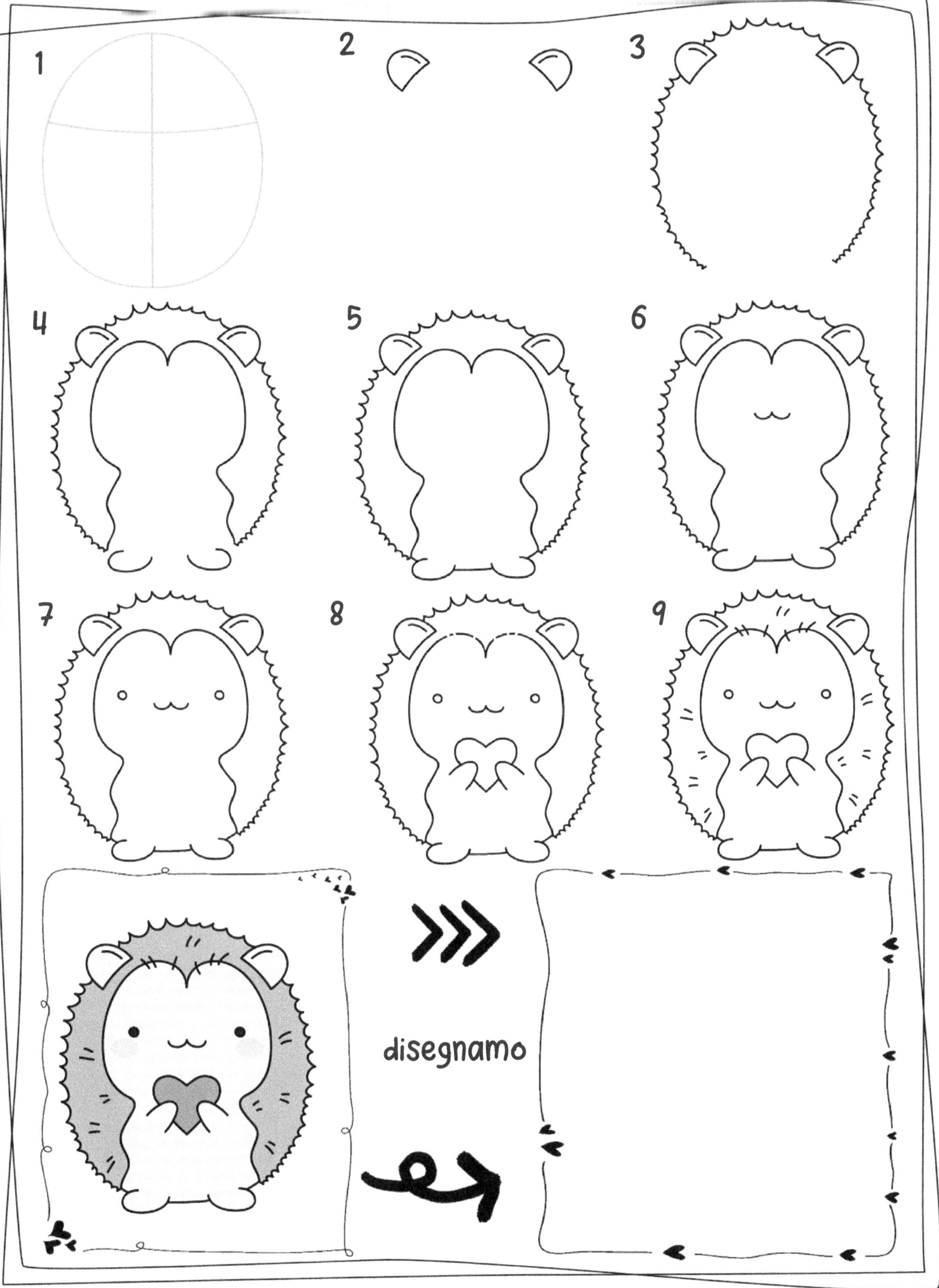

1
2
3
4
5
6
7
8
9
disegnamo

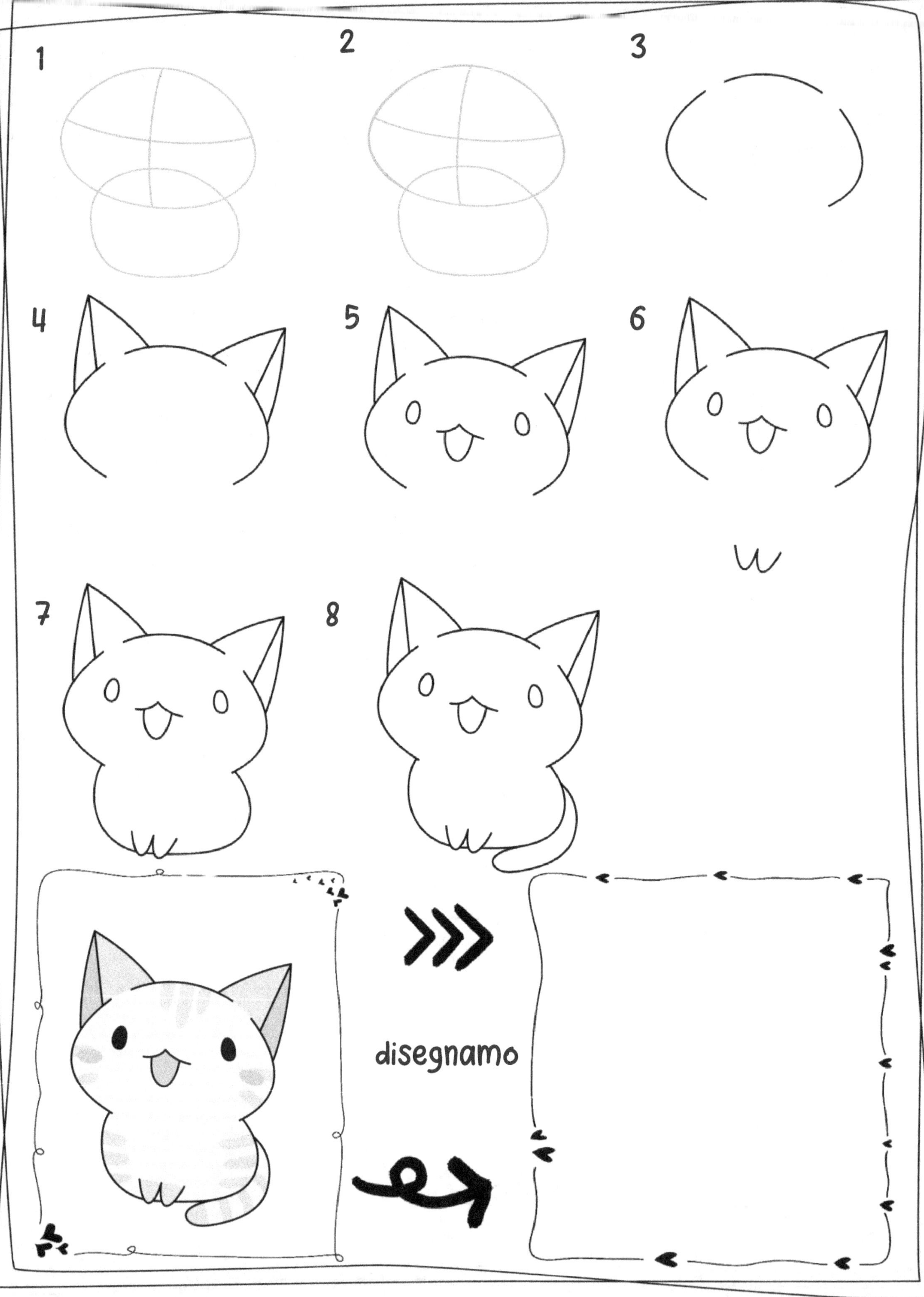
1
2
3
4
5
6
7
8
disegnamo

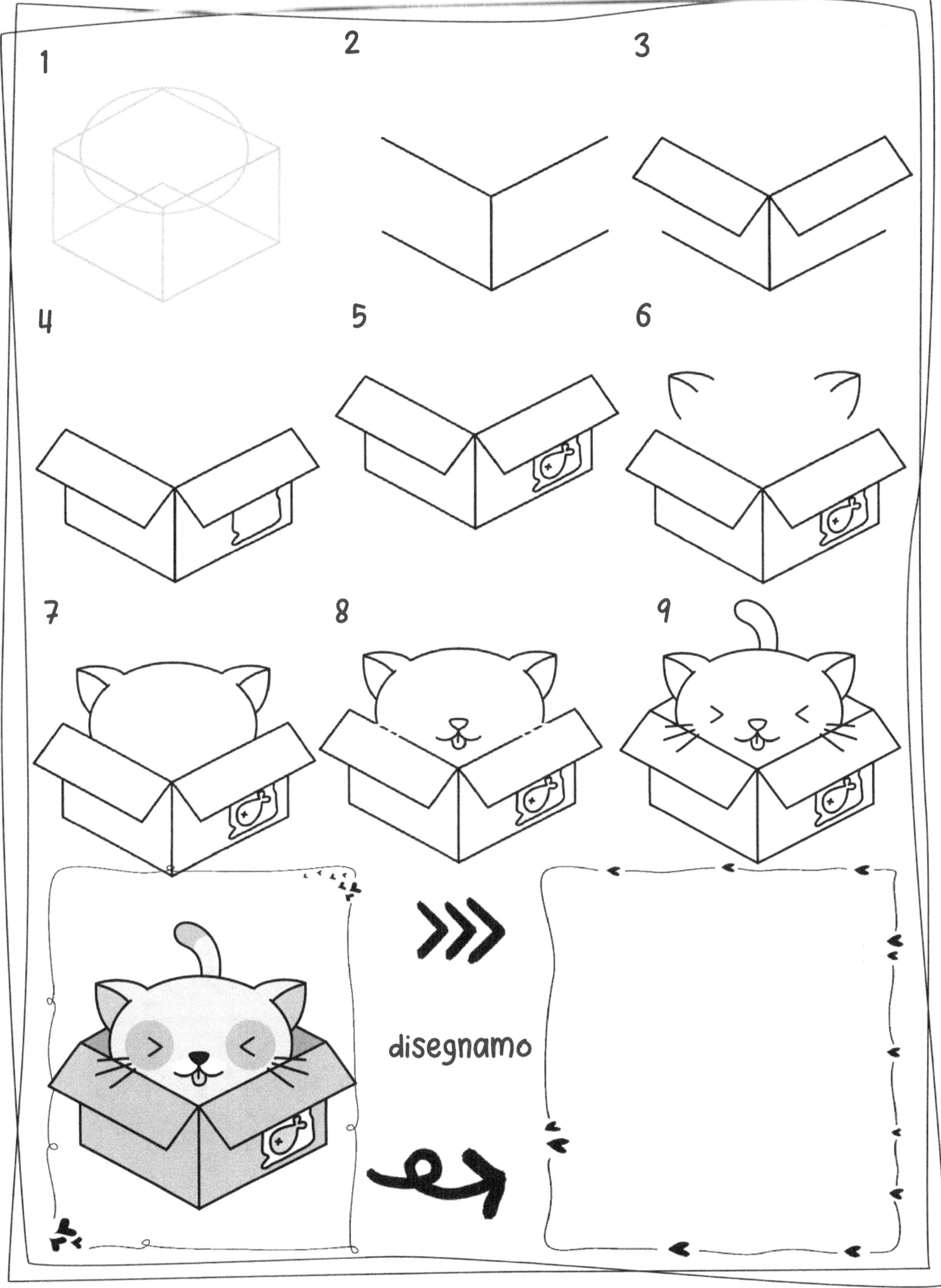

1
2
3
4
5
6
7
8
9
disegnamo

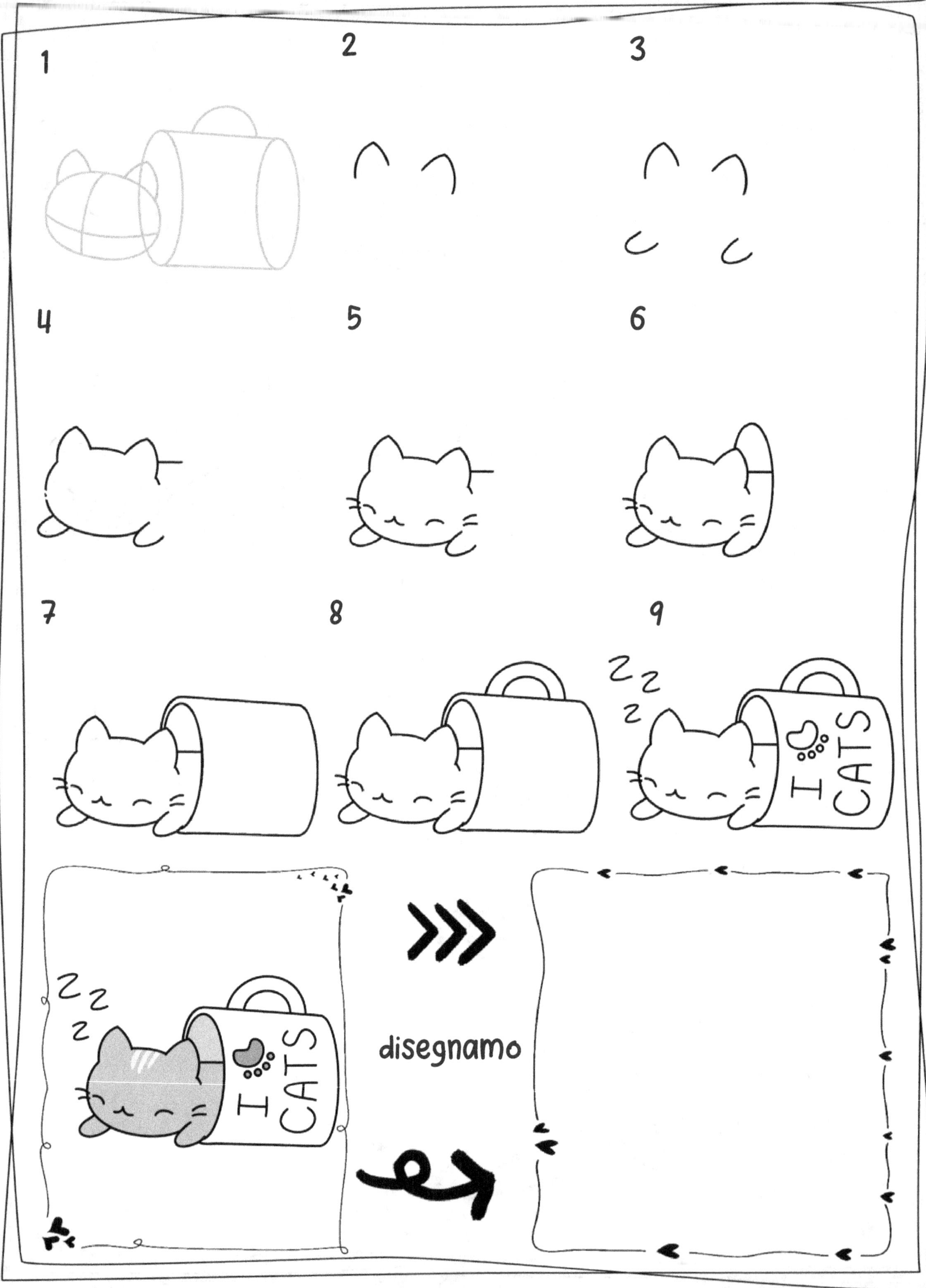

1
2
3
4
5
6
7
8
9
I ♥ CATS
disegnamo

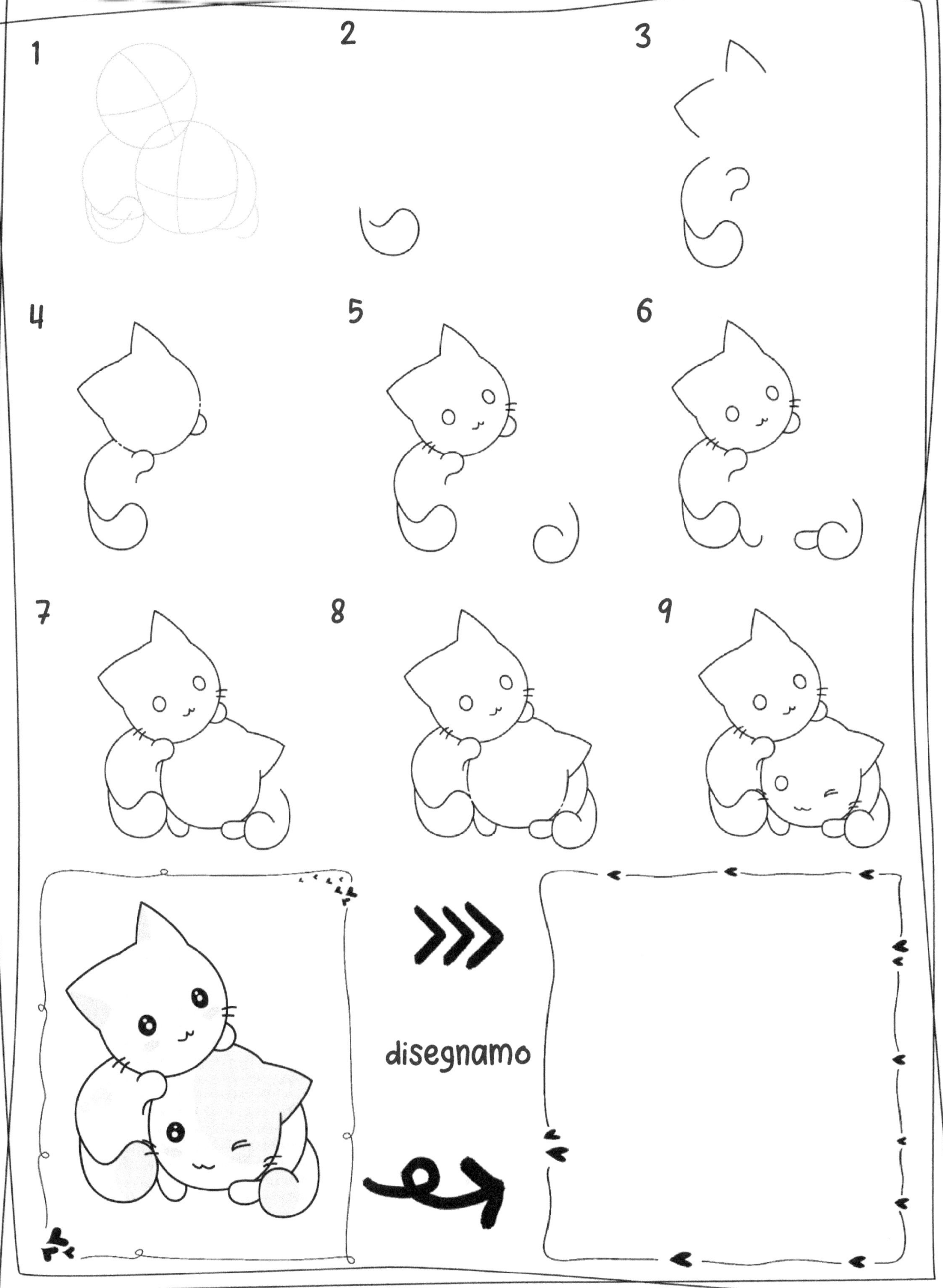

1
2
3
4
5
6
7
8
9
disegnamo

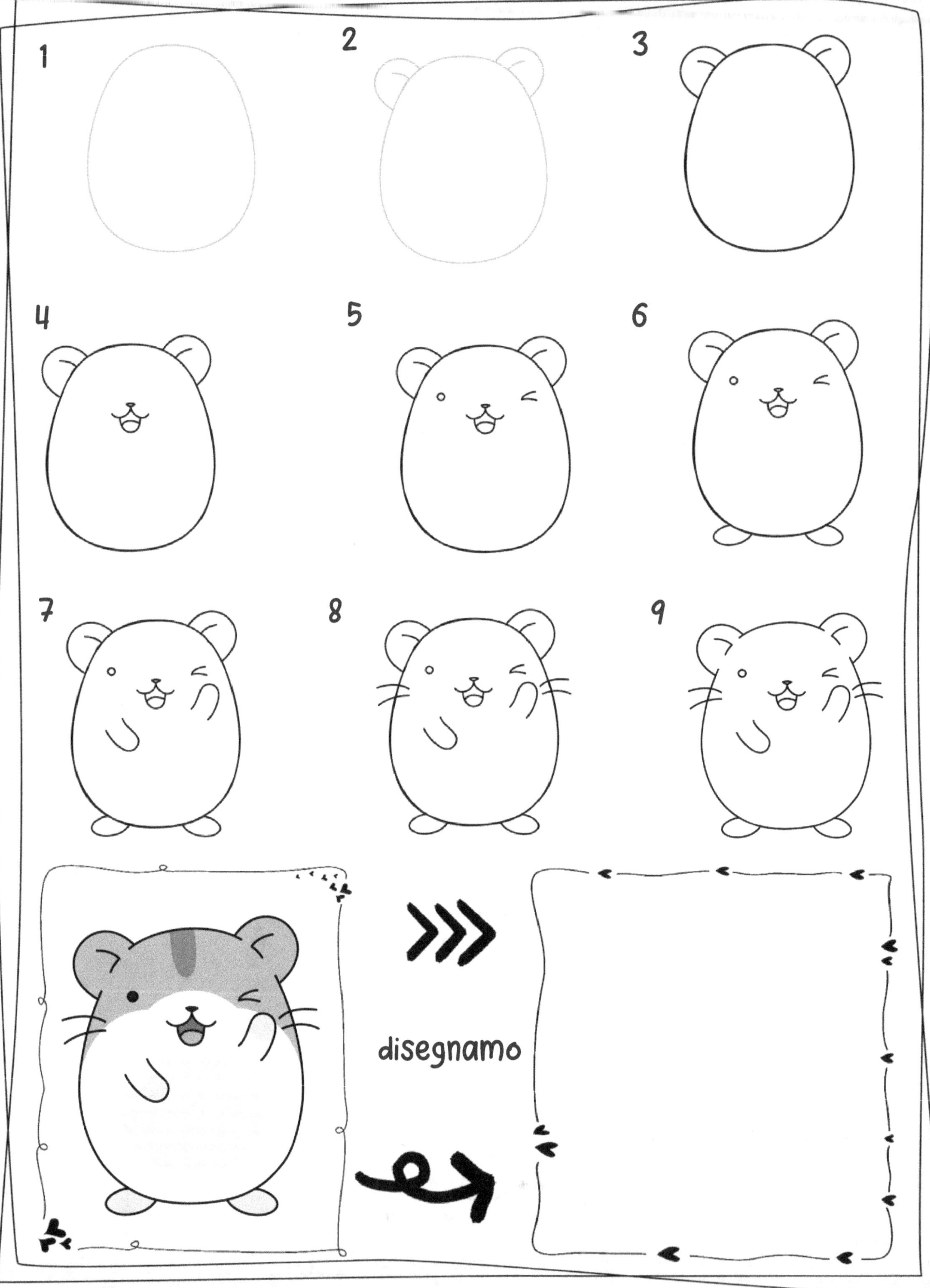

1
2
3
4
5
6
7
8
9
disegnamo

1
2
3
4
5
6
7
8
9
disegnamo

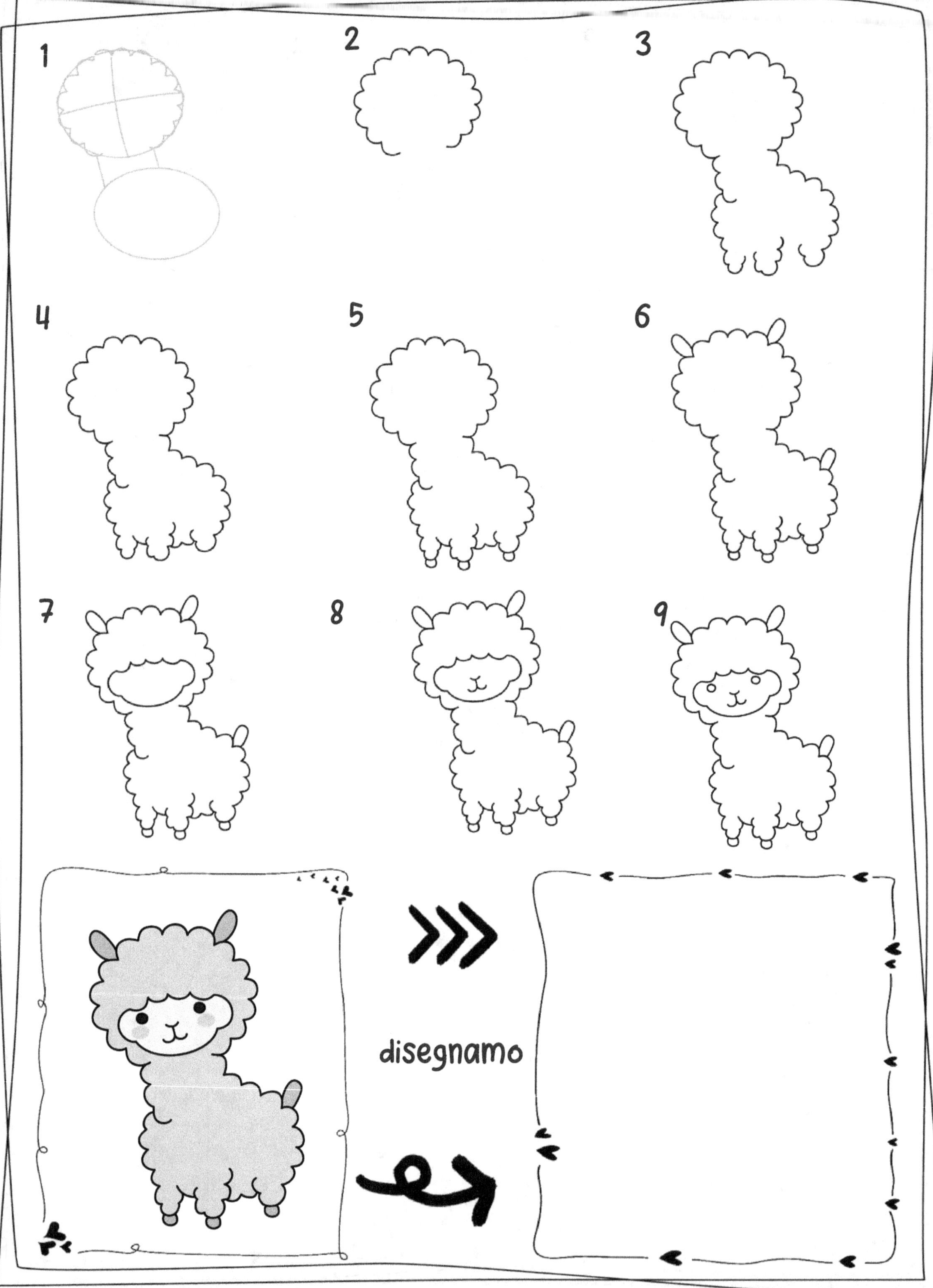

1
2
3
4
5
6
7
8
9
disegnamo

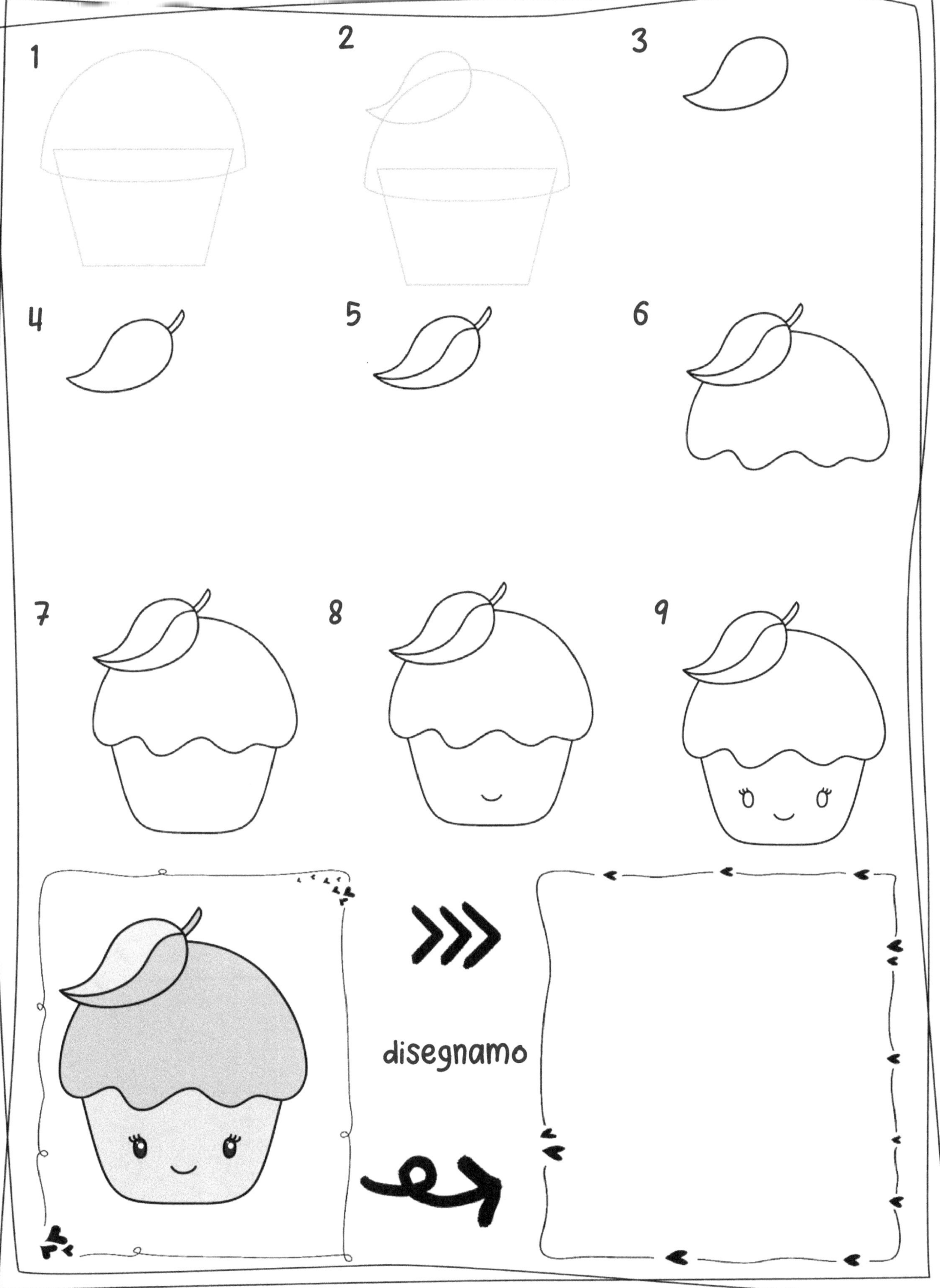

1
2
3
4
5
6
7
8
9
disegnamo

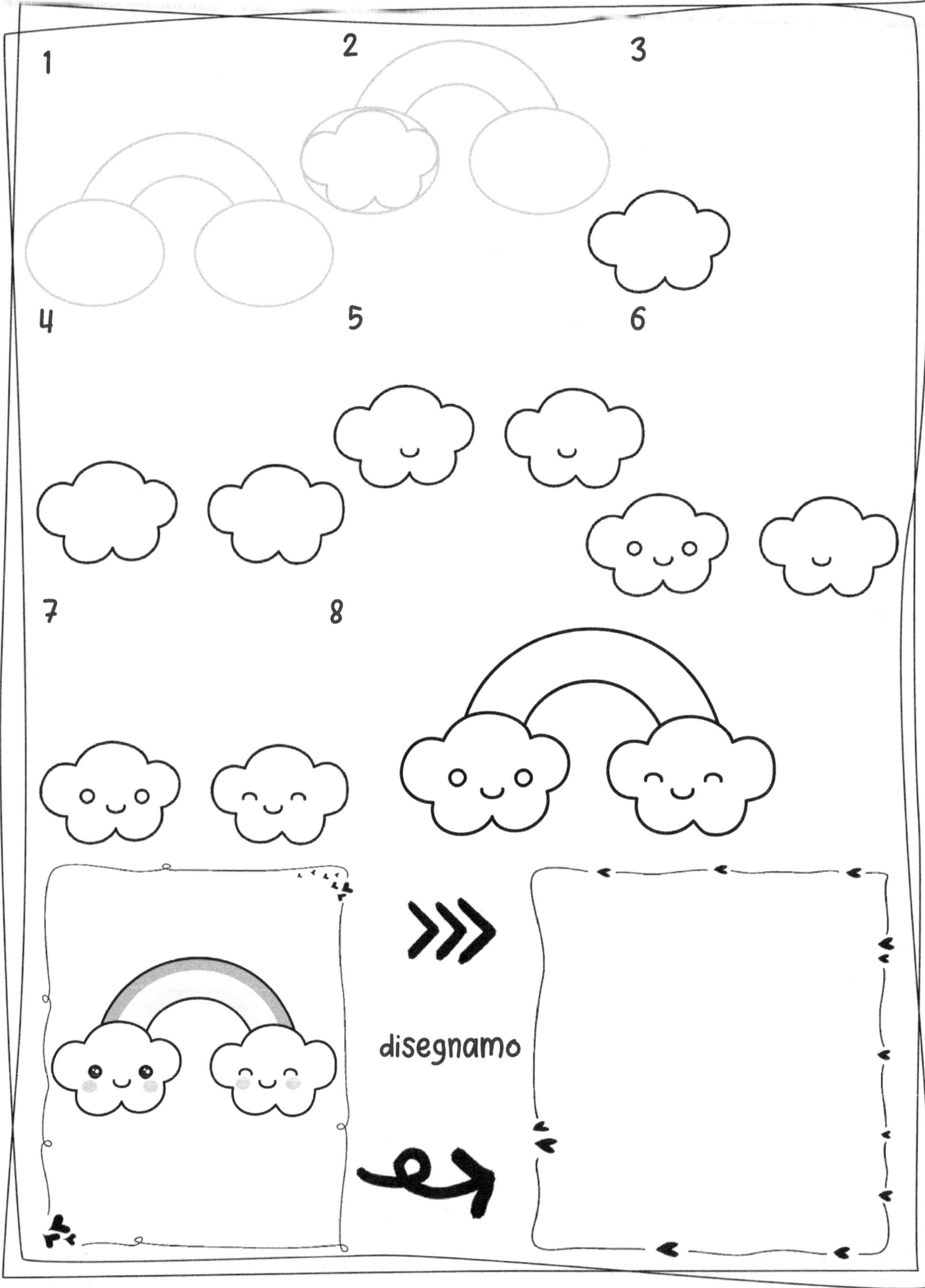

1
2
3
4
5
6
7
8
disegnamo

1
2
3
4
5
6
7
8
9
disegnamo

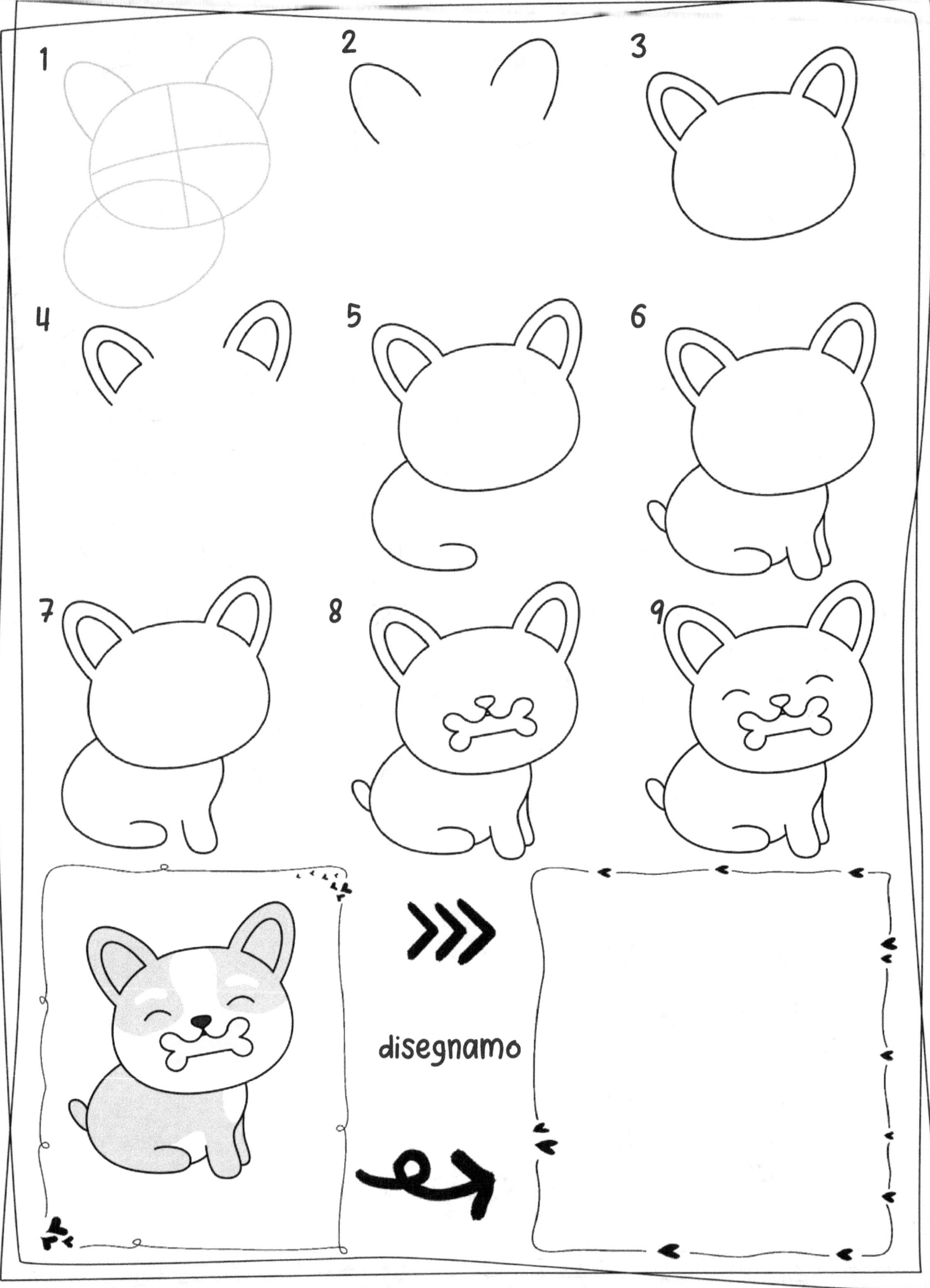

1
2
3
4
5
6
7
8
9
disegnamo

1
2
3
4
5
6
7
8
9
disegnamo

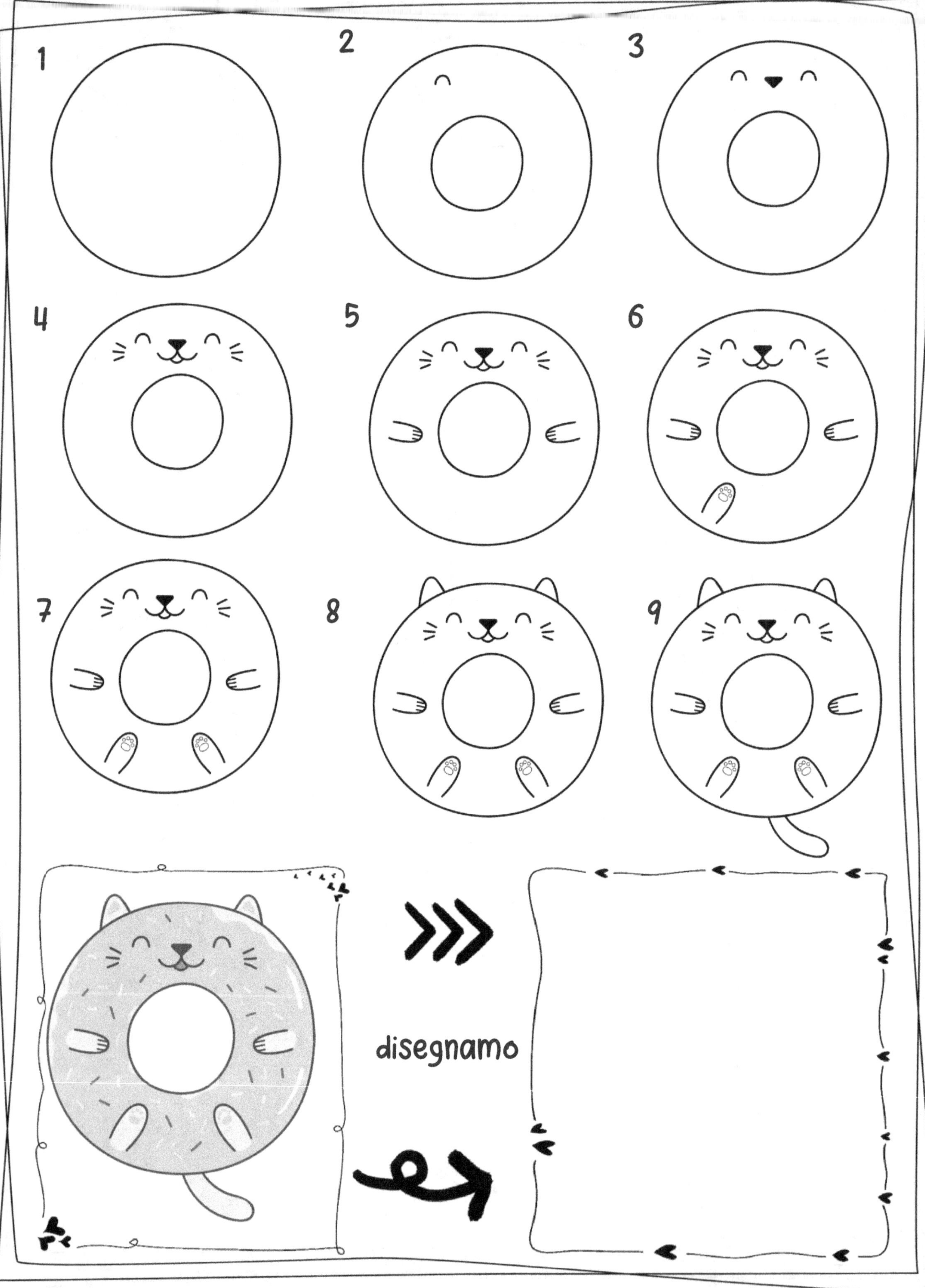

1
2
3
4
5
6
7
8
9
disegnamo

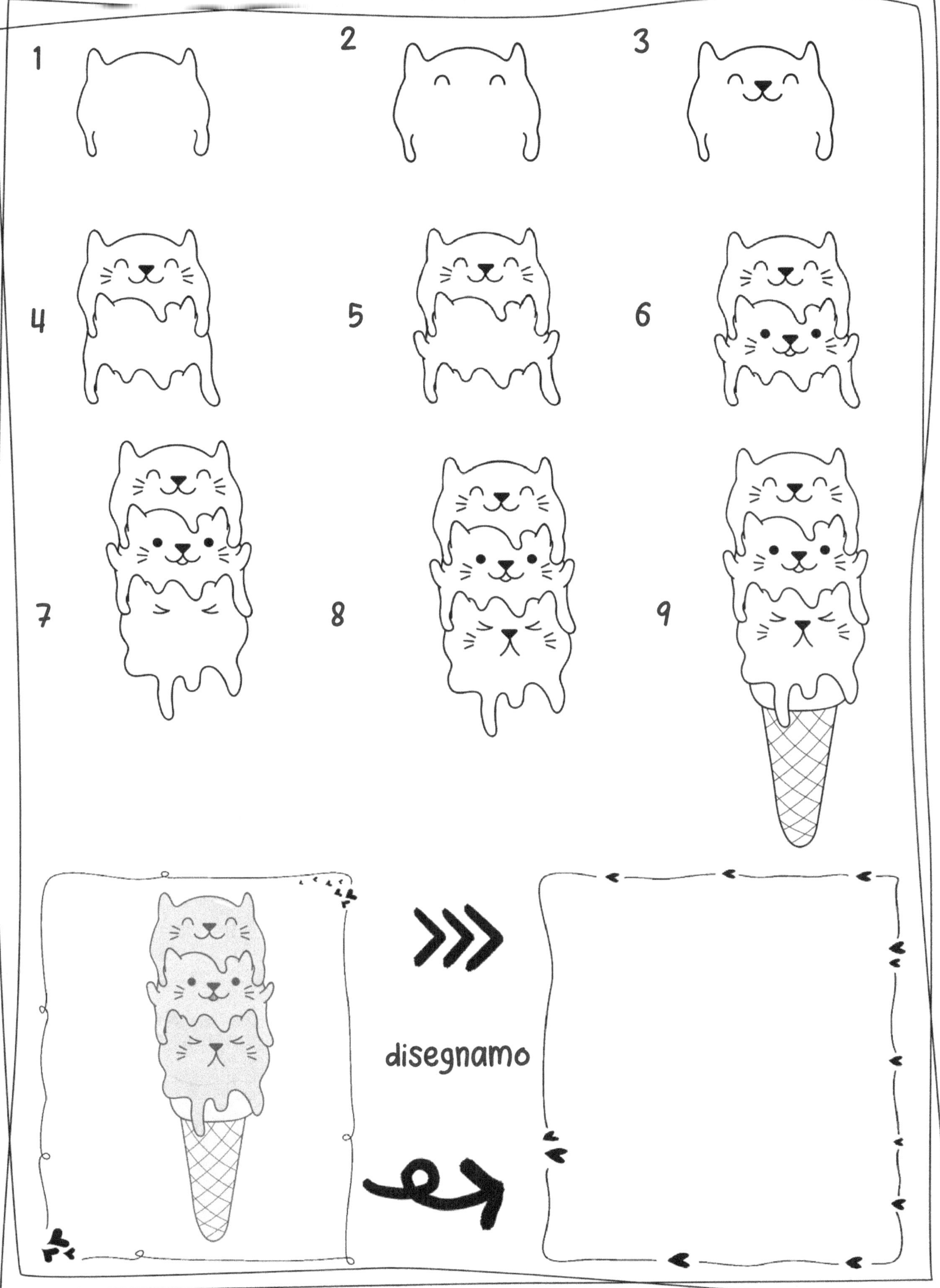

disegnamo

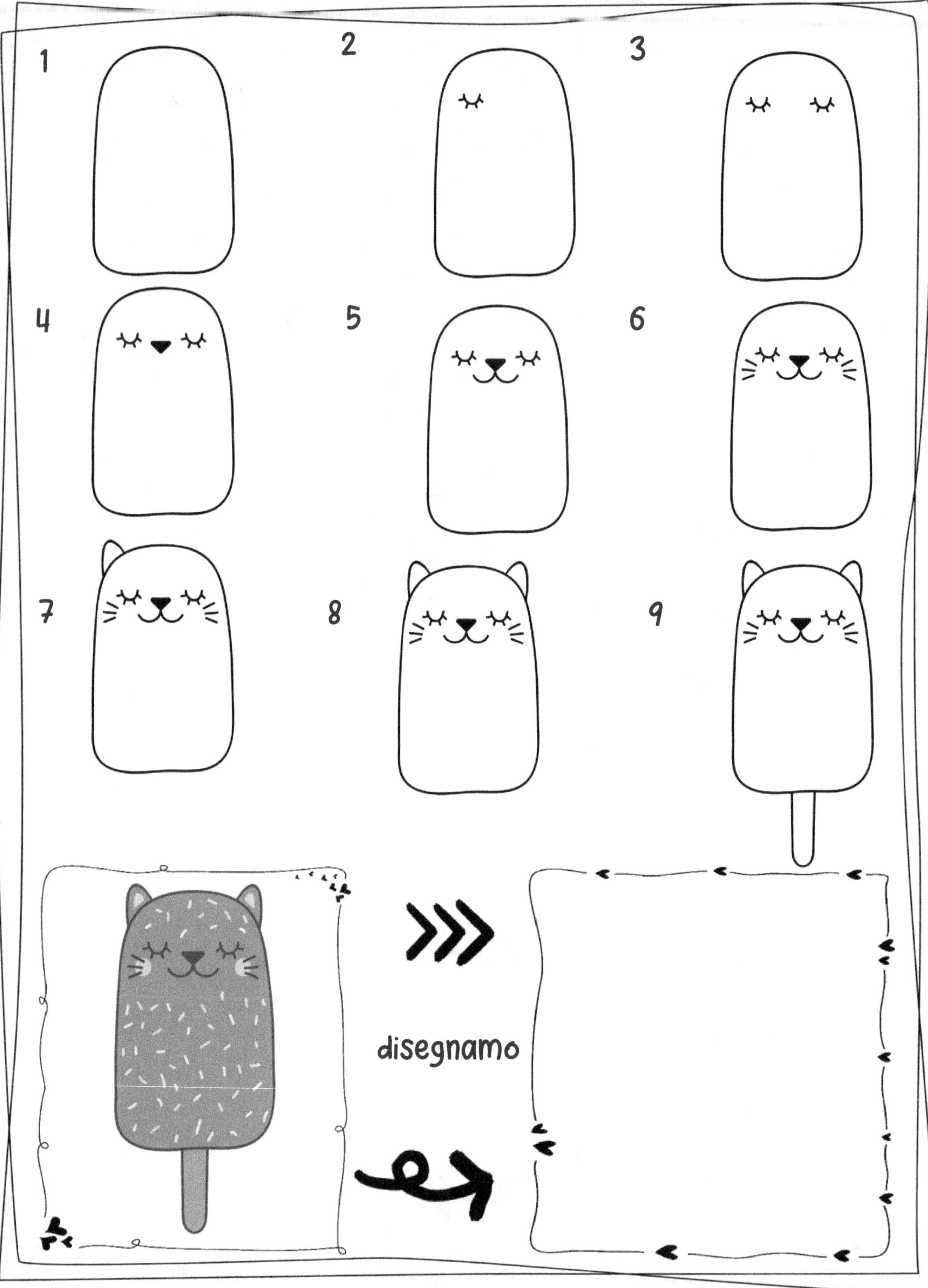

1
2
3
4
5
6
7
8
9
disegnamo

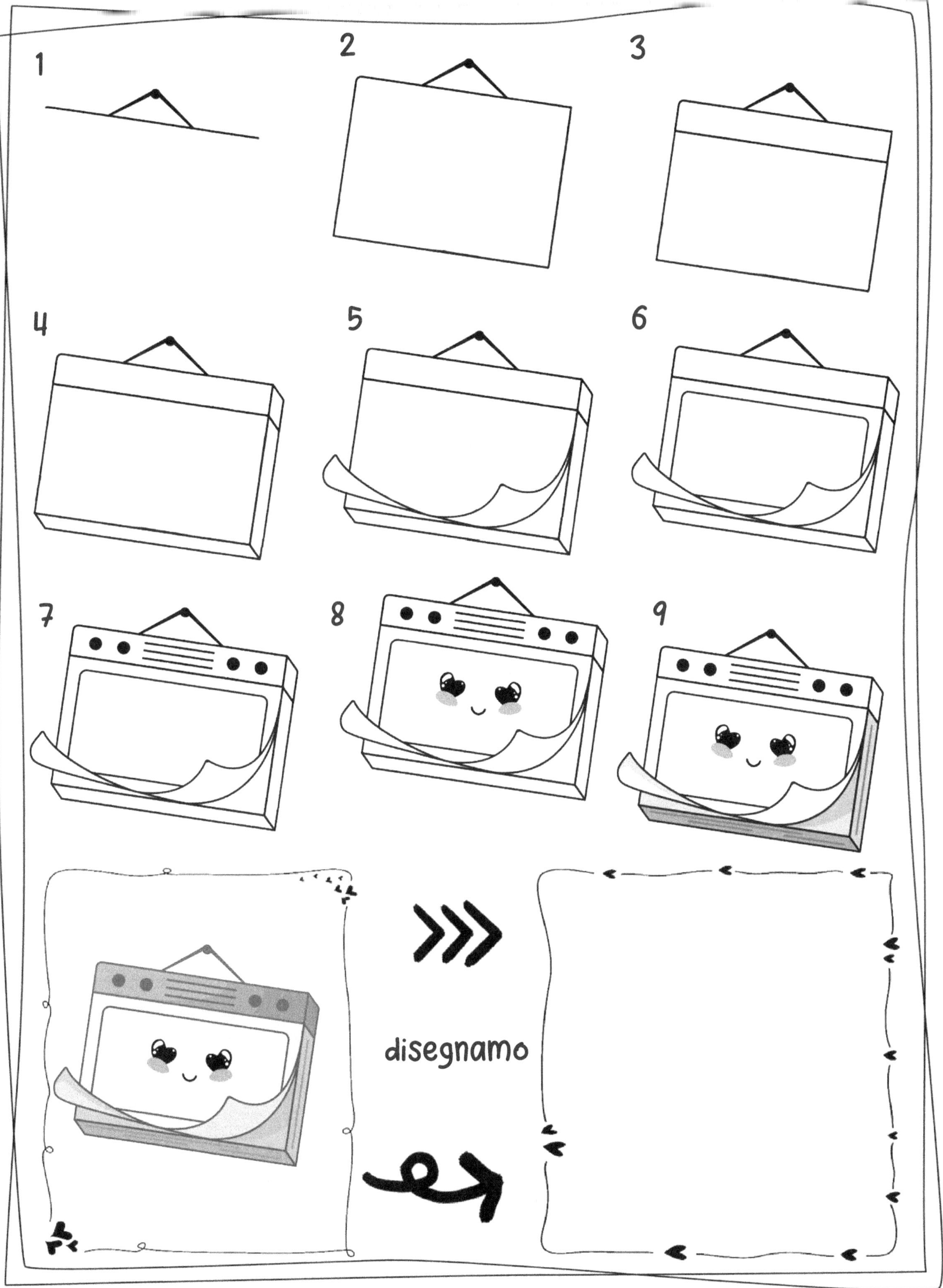

1
2
3
4
5
6
7
8
9
disegnamo

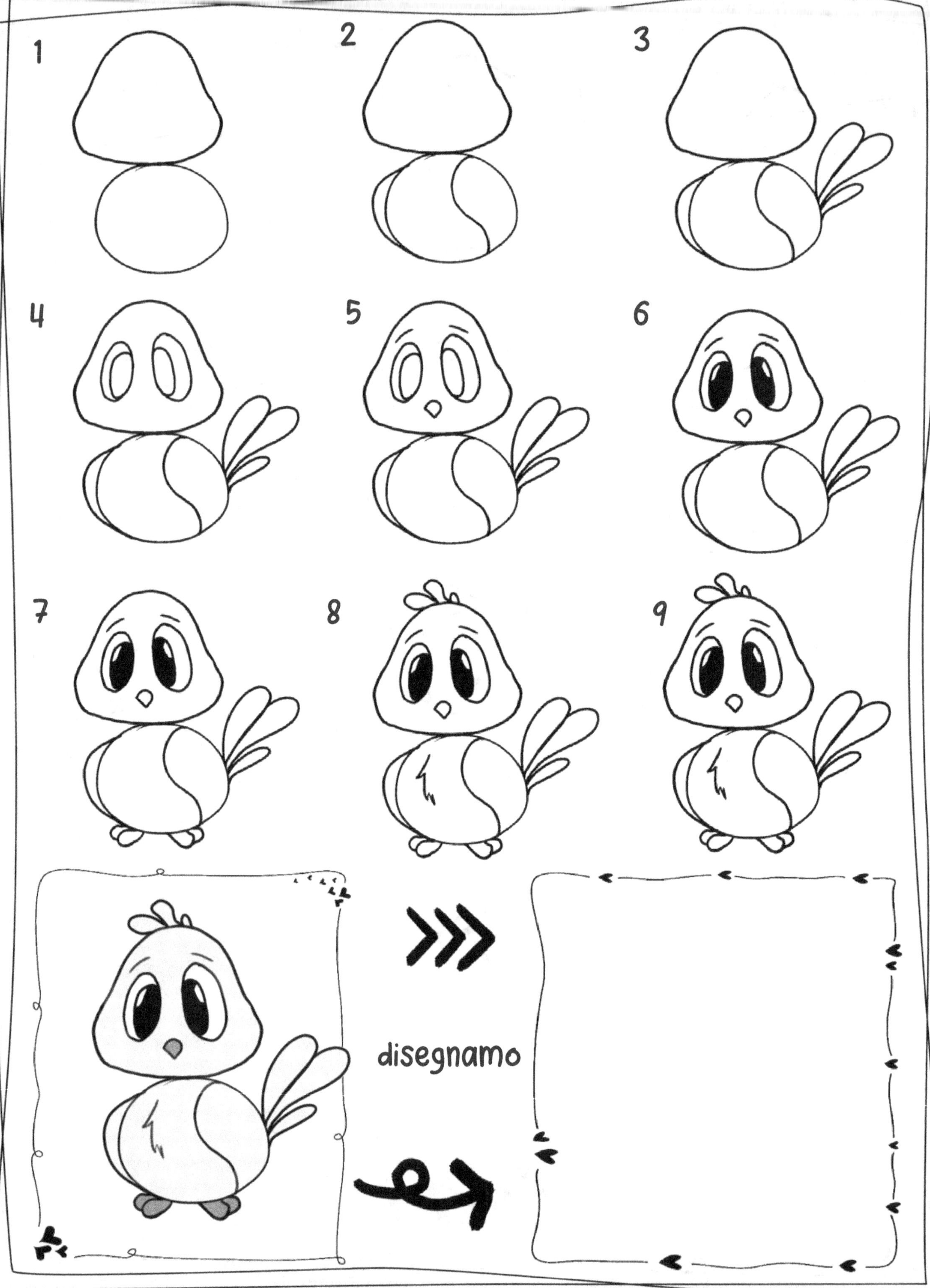

1
2
3
4
5
6
7
8
9
disegnamo

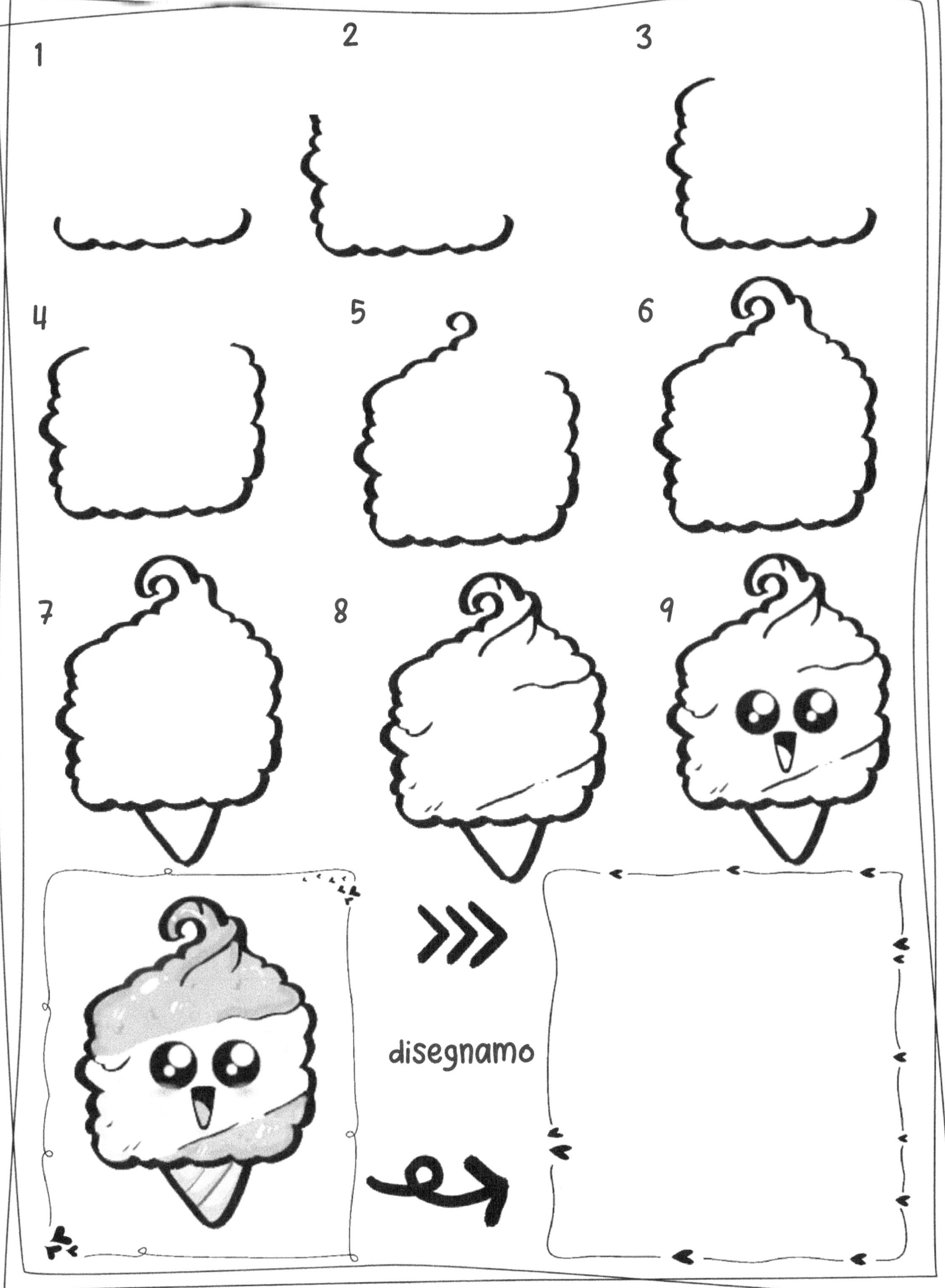

1

2

3

4

5

6

7

8

9

disegnamo

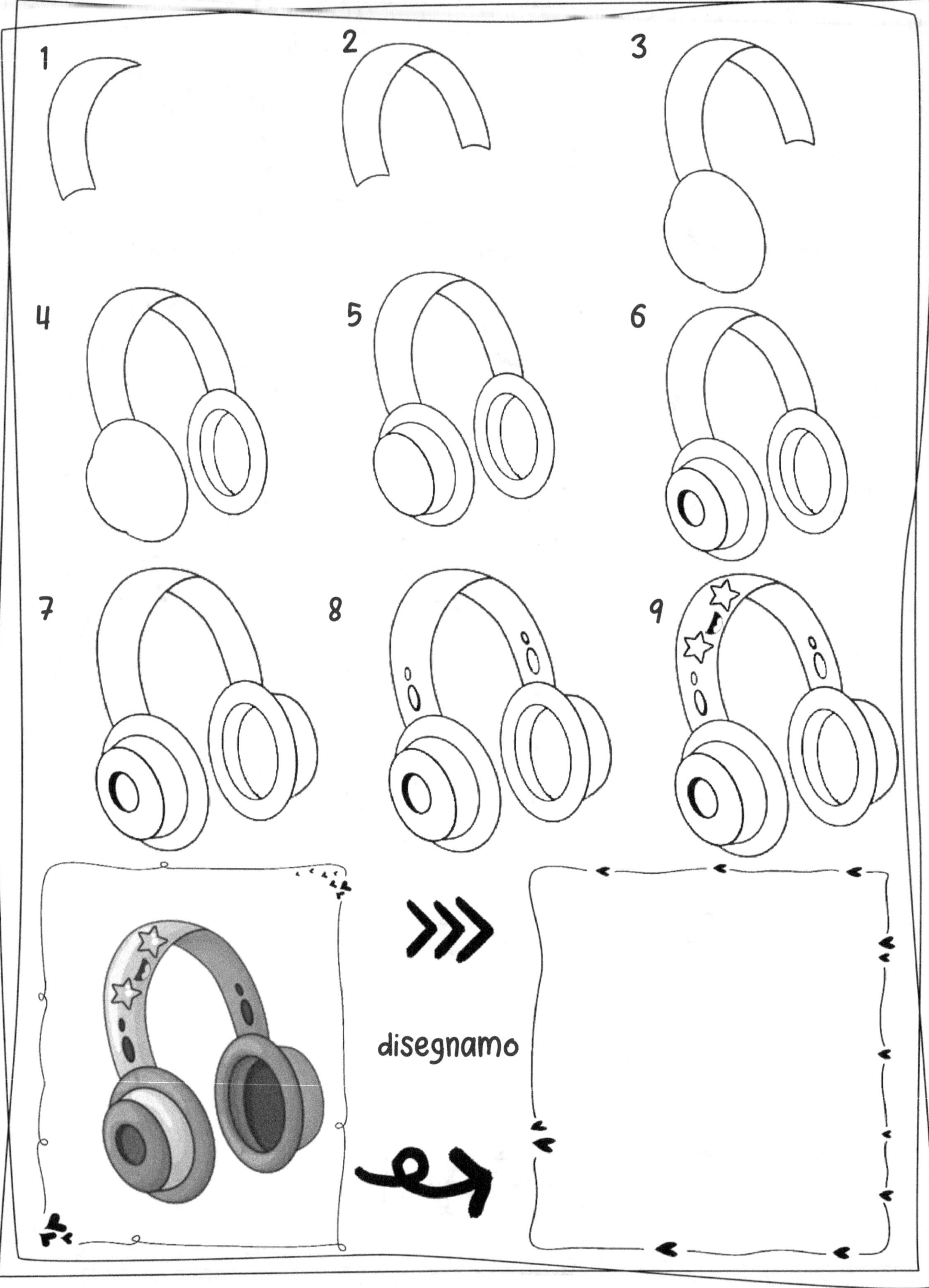

1
2
3
4
5
6
7
8
9
disegnamo

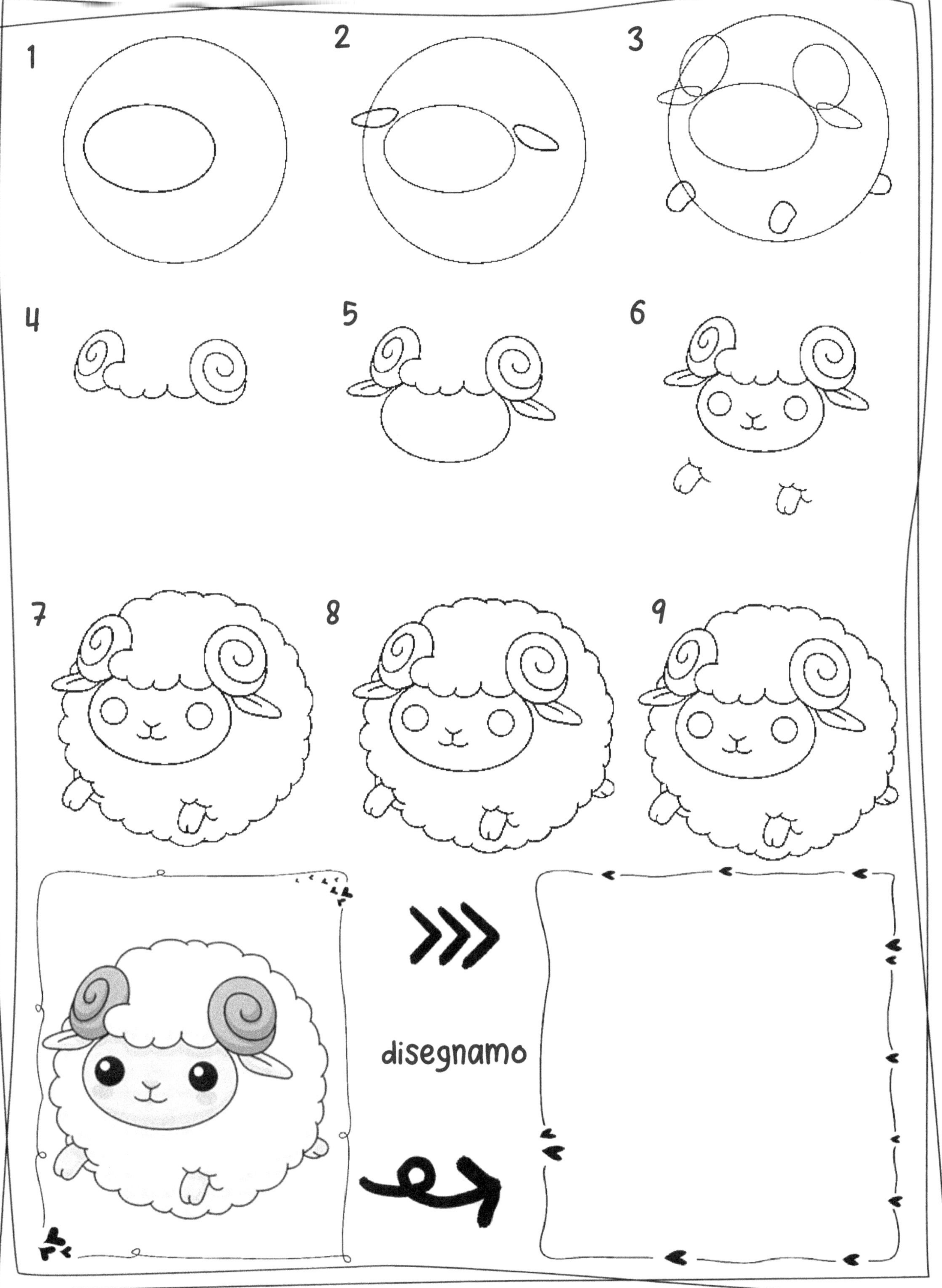
1
2
3
4
5
6
7
8
9
disegnamo

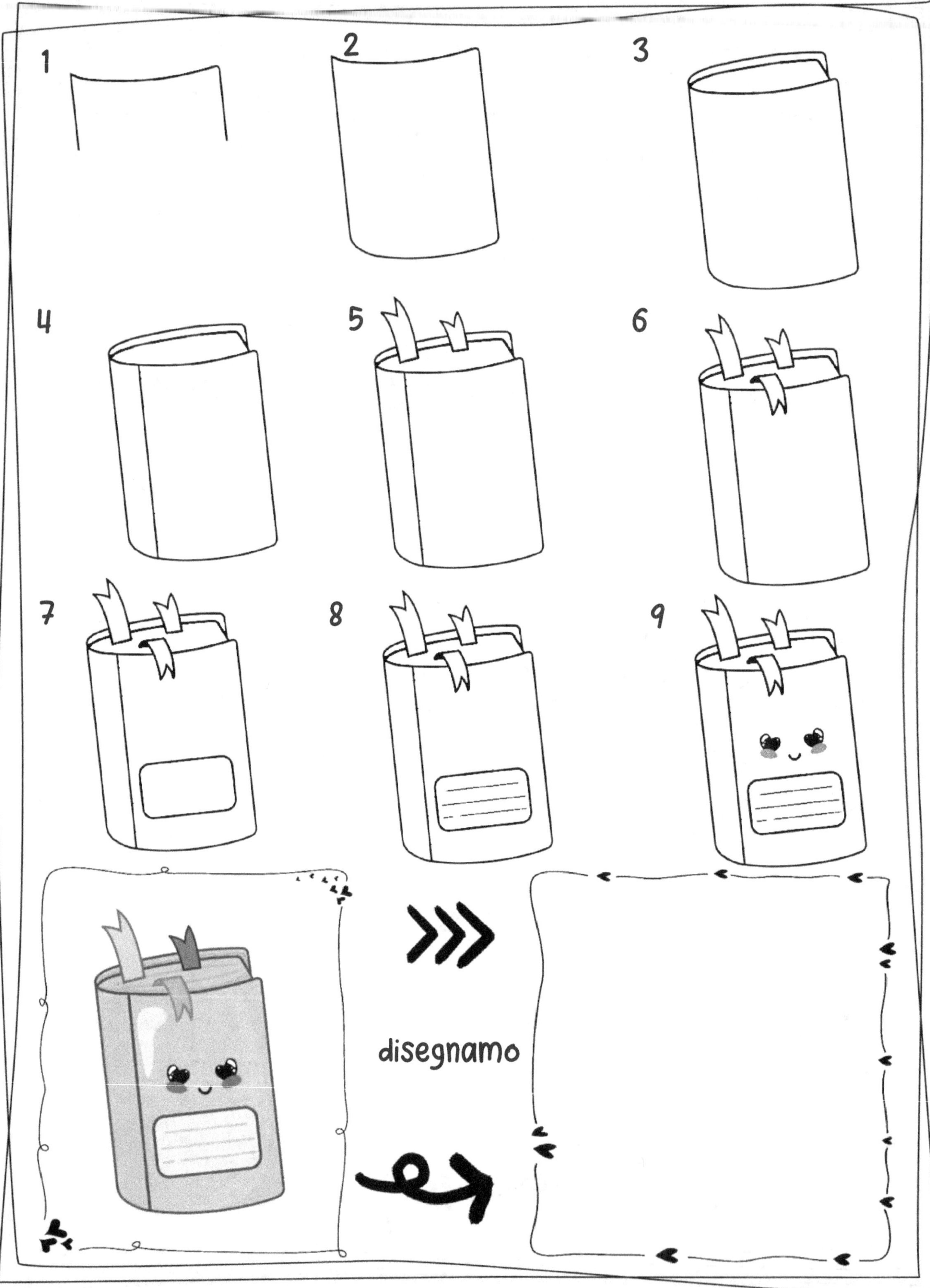

1
2
3
4
5
6
7
8
9
disegnamo

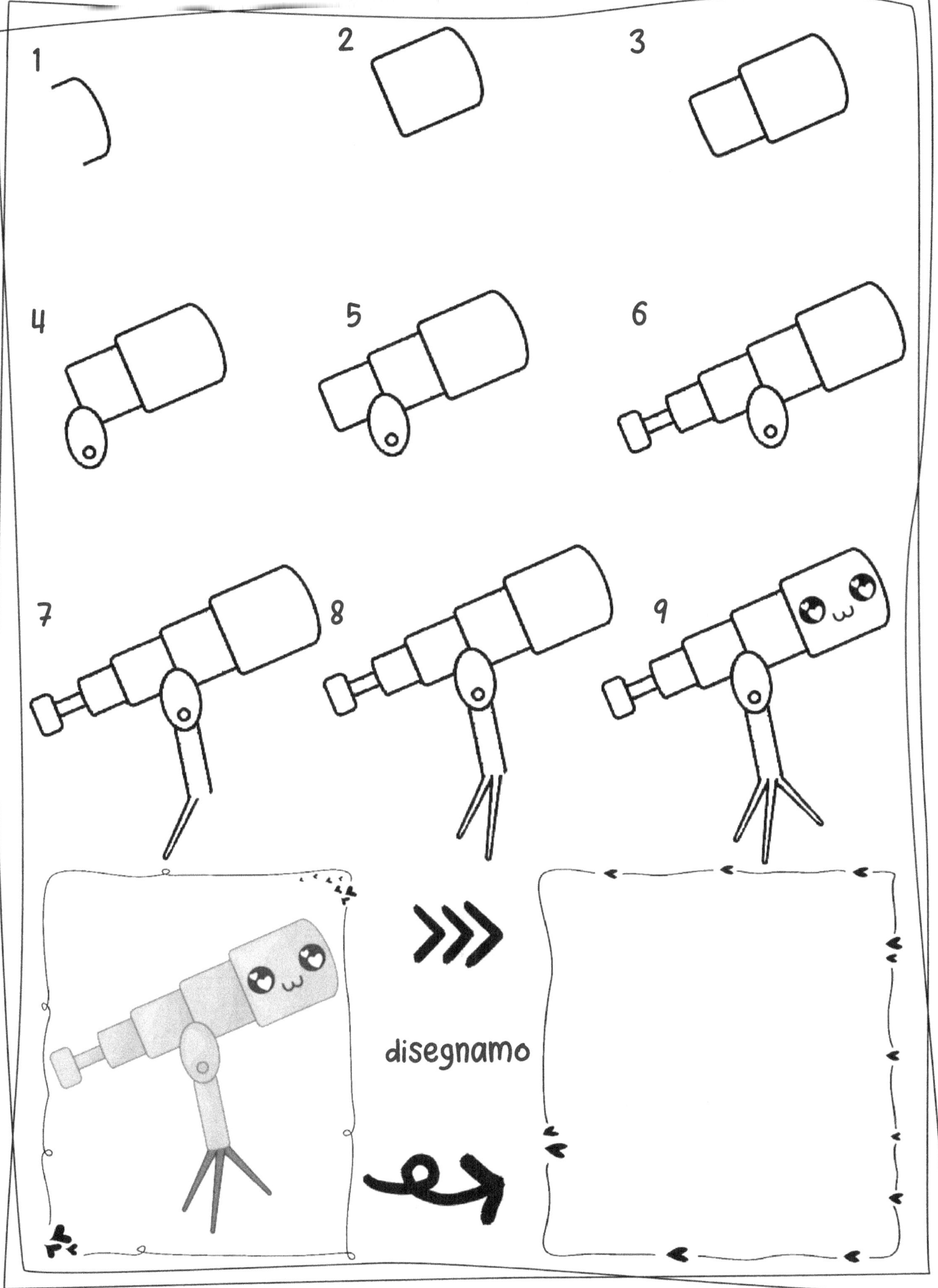

1
2
3
4
5
6
7
8
9
disegnamo

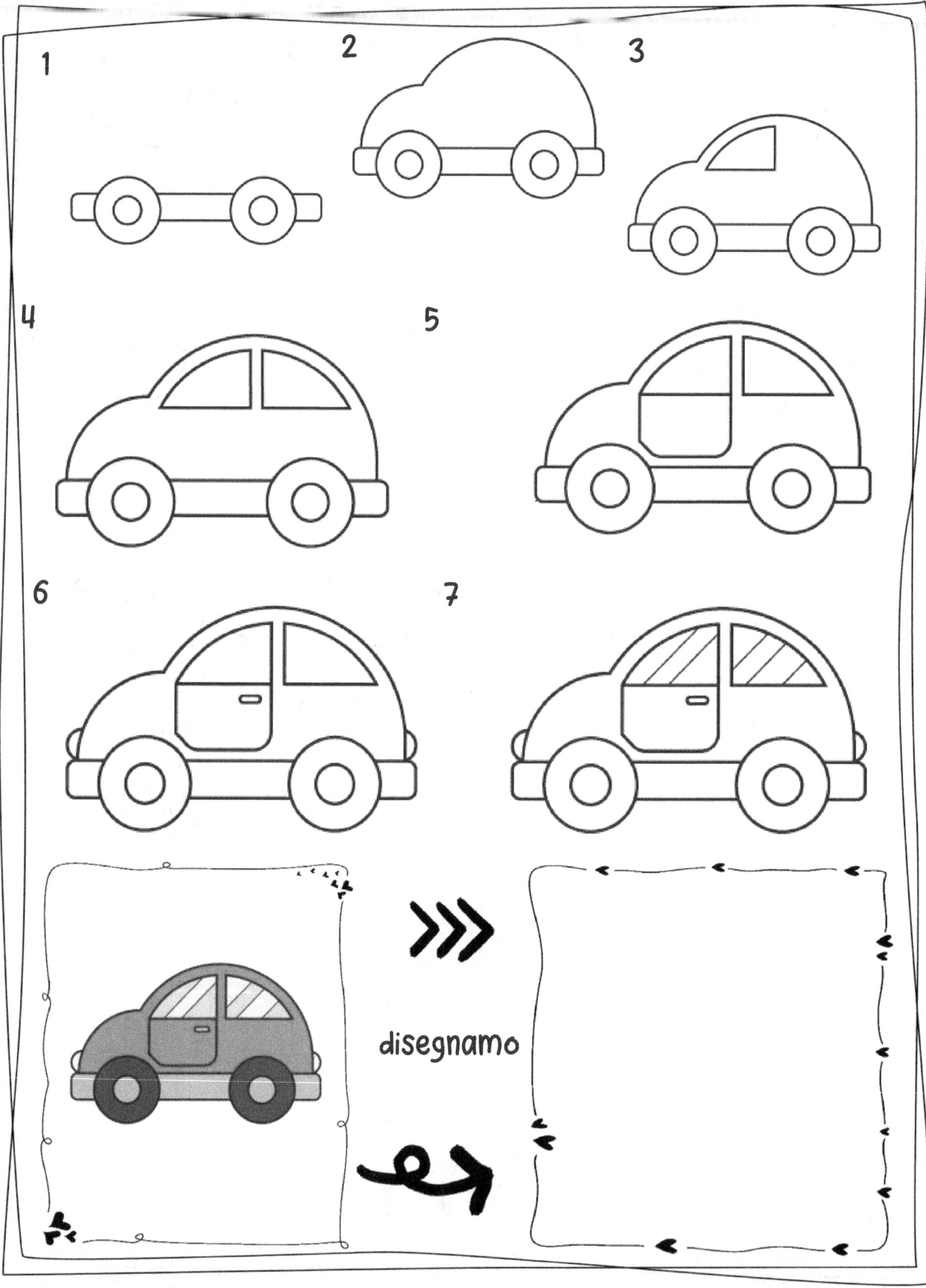

1
2
3
4
5
6
7
disegnamo

1
2
3
4
5
6
7
disegnamo

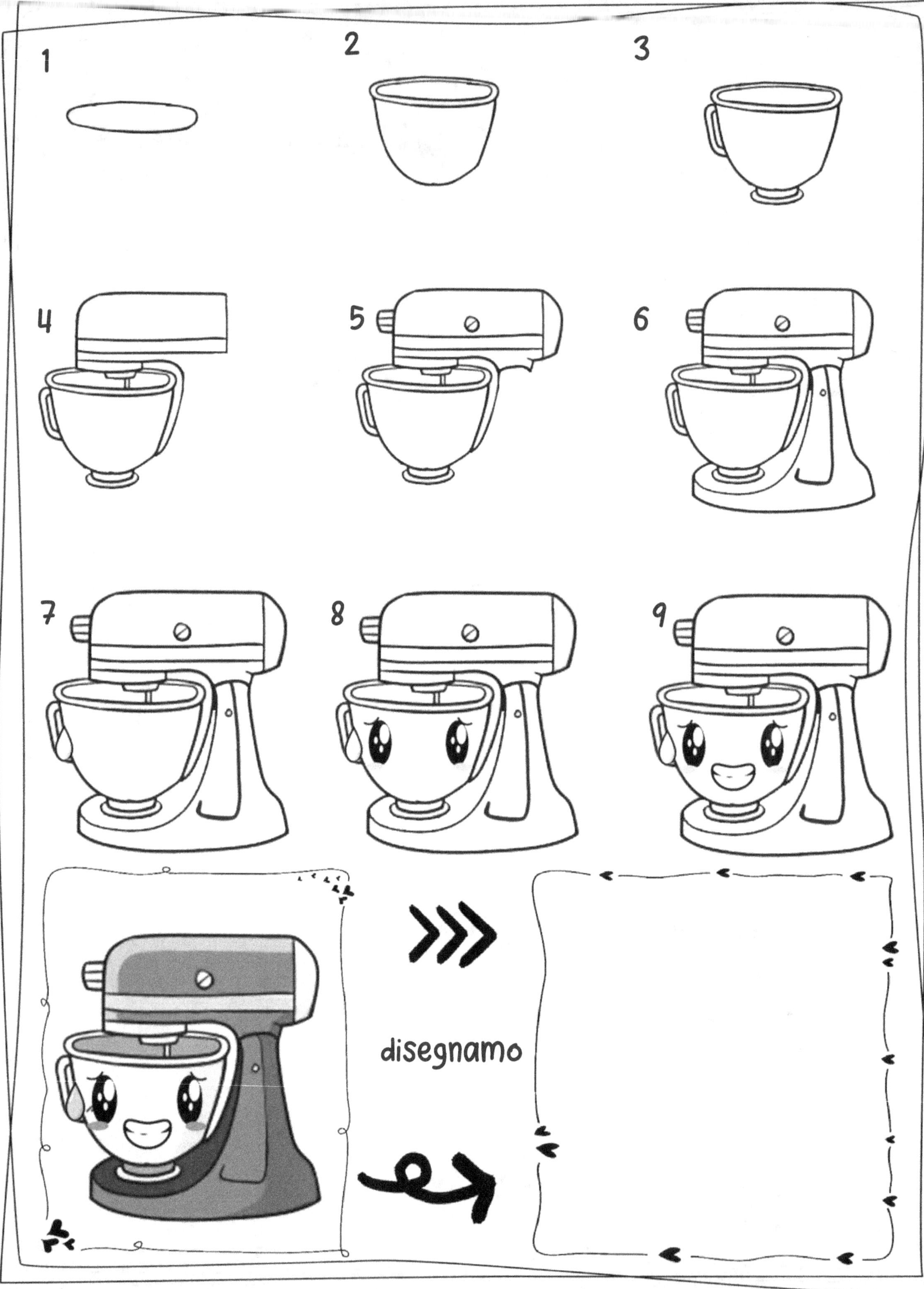

1
2
3
4
5
6
7
8
9
disegnamo

1
2
3
4
5
6
7
8
9
disegnamo

1
2
3
4
5
6
7
8
9
disegnamo

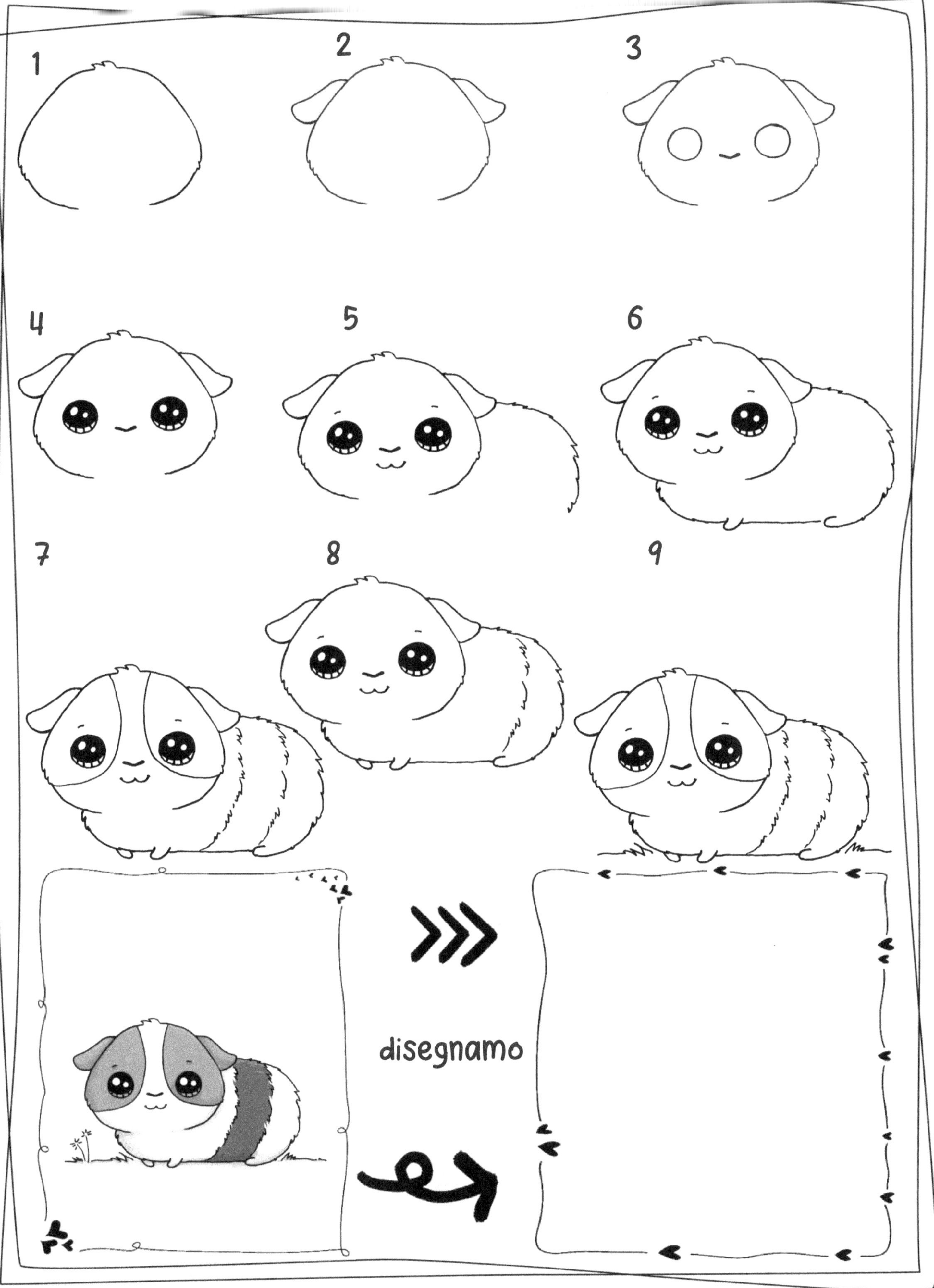
1
2
3
4
5
6
7
8
9
disegnamo

1
2
3
4
5
6
7
disegnamo

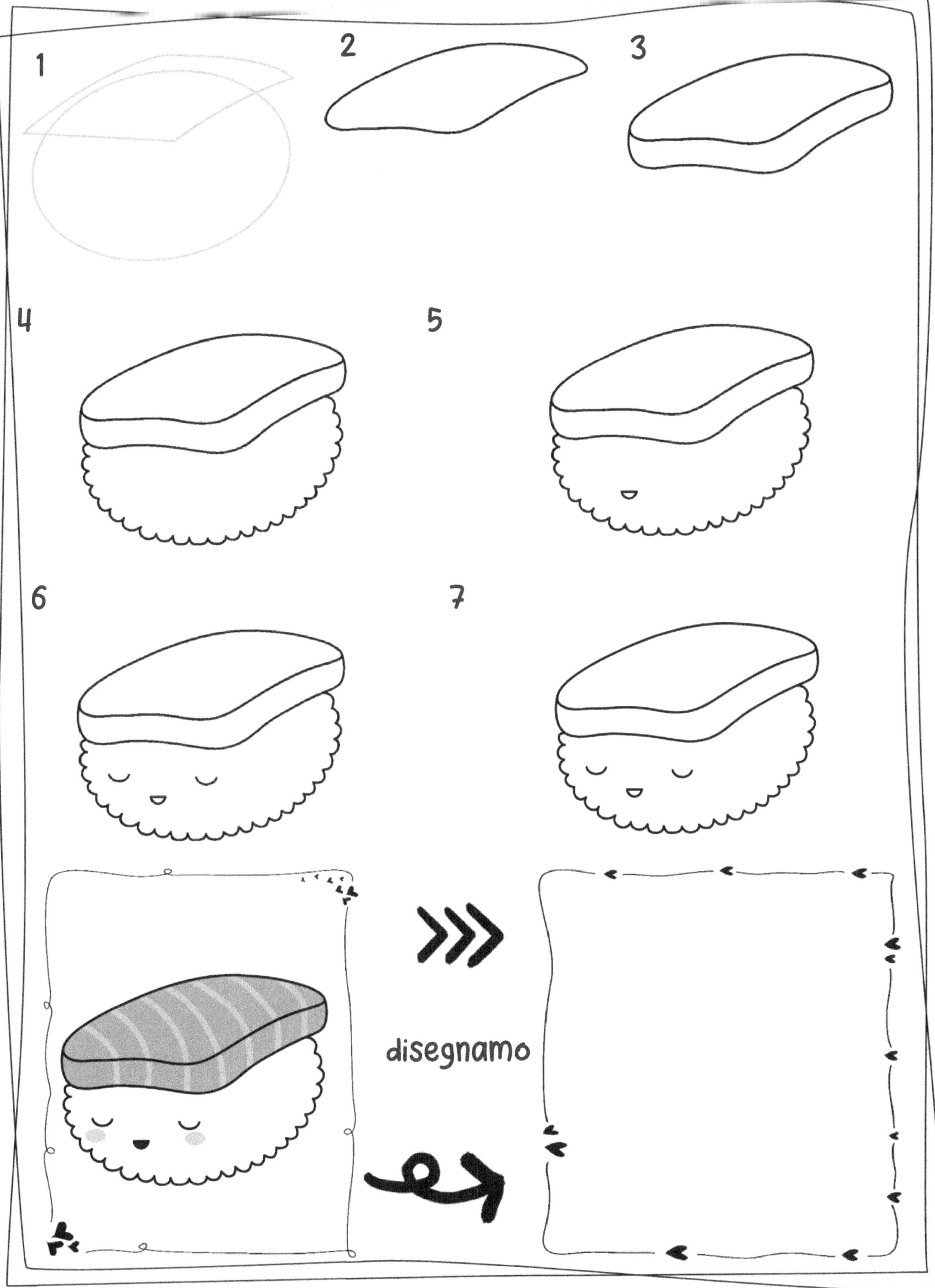

1
2
3
4
5
6
7
disegnamo

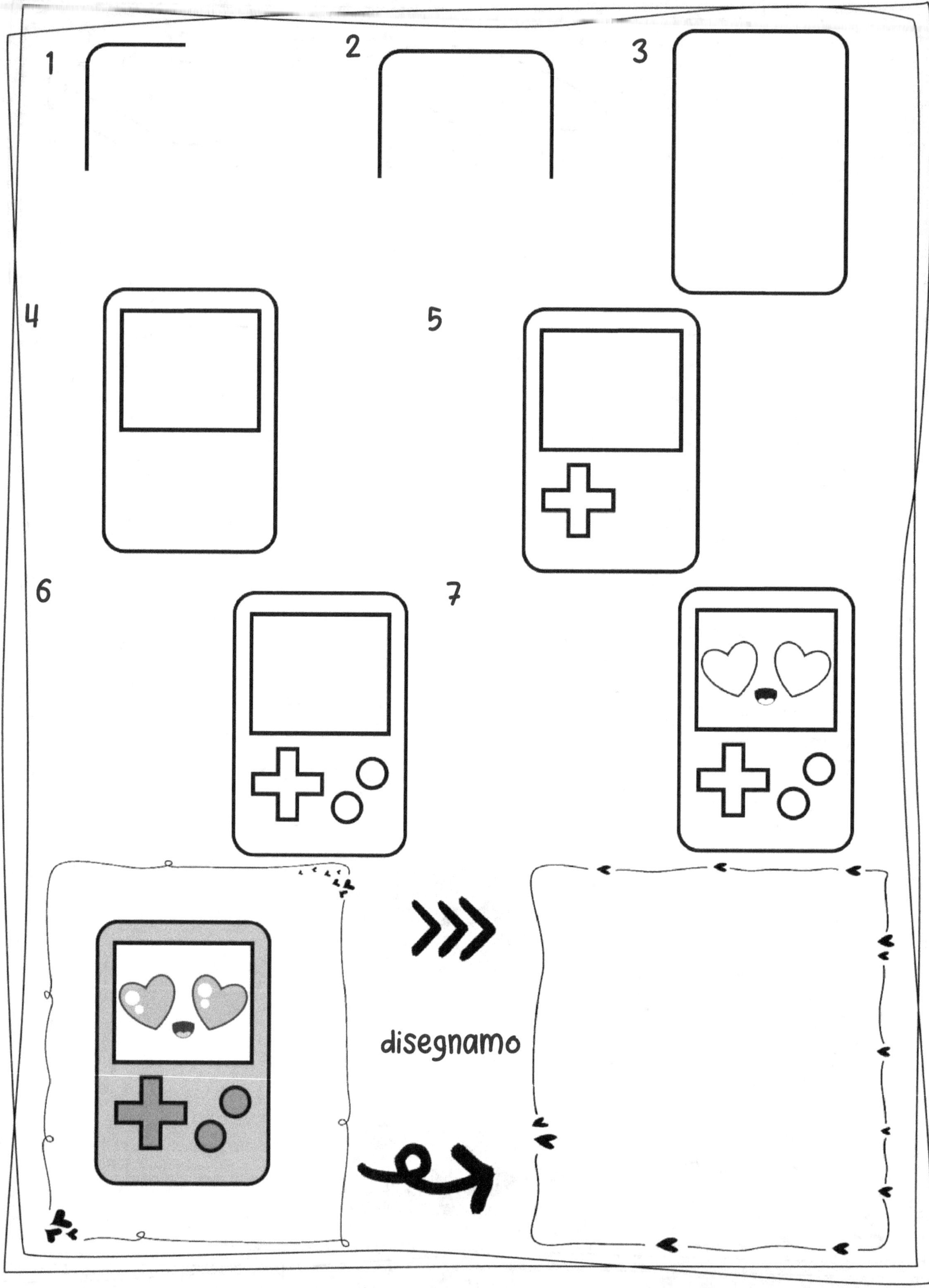

1
2
3
4
5
6
7
disegnamo

1

2

3

4

5

6

7

disegnamo

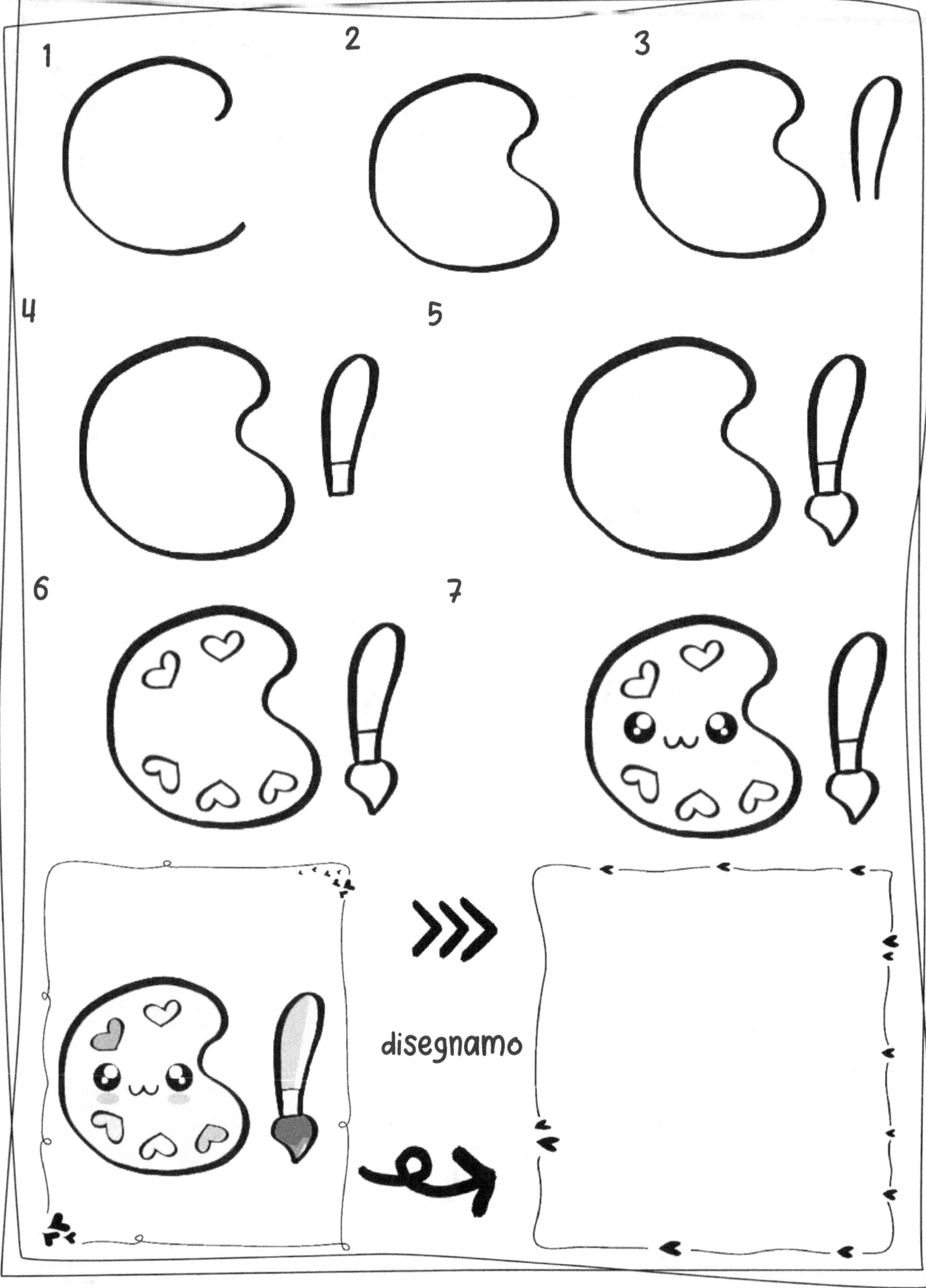

1
2
3
4
5
6
7
disegnamo

1
2
3
4
5
6
7
disegnamo

1
2
3
4
5
6
7
disegnamo

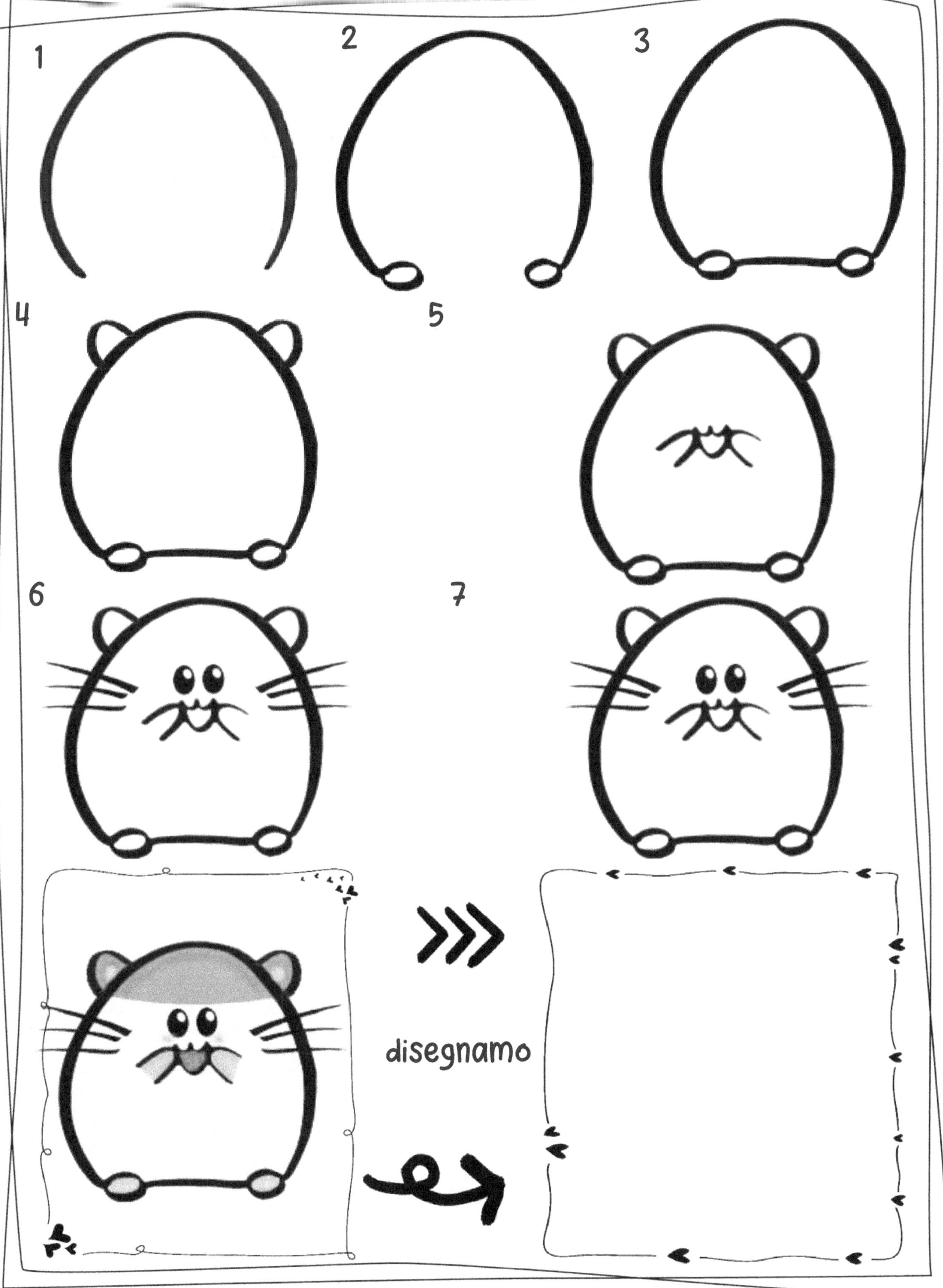

1
2
3
4
5
6
7
disegnamo

1
2
3
4
5
6
7
disegnamo

1
2
3
4
5
6
7
disegnamo

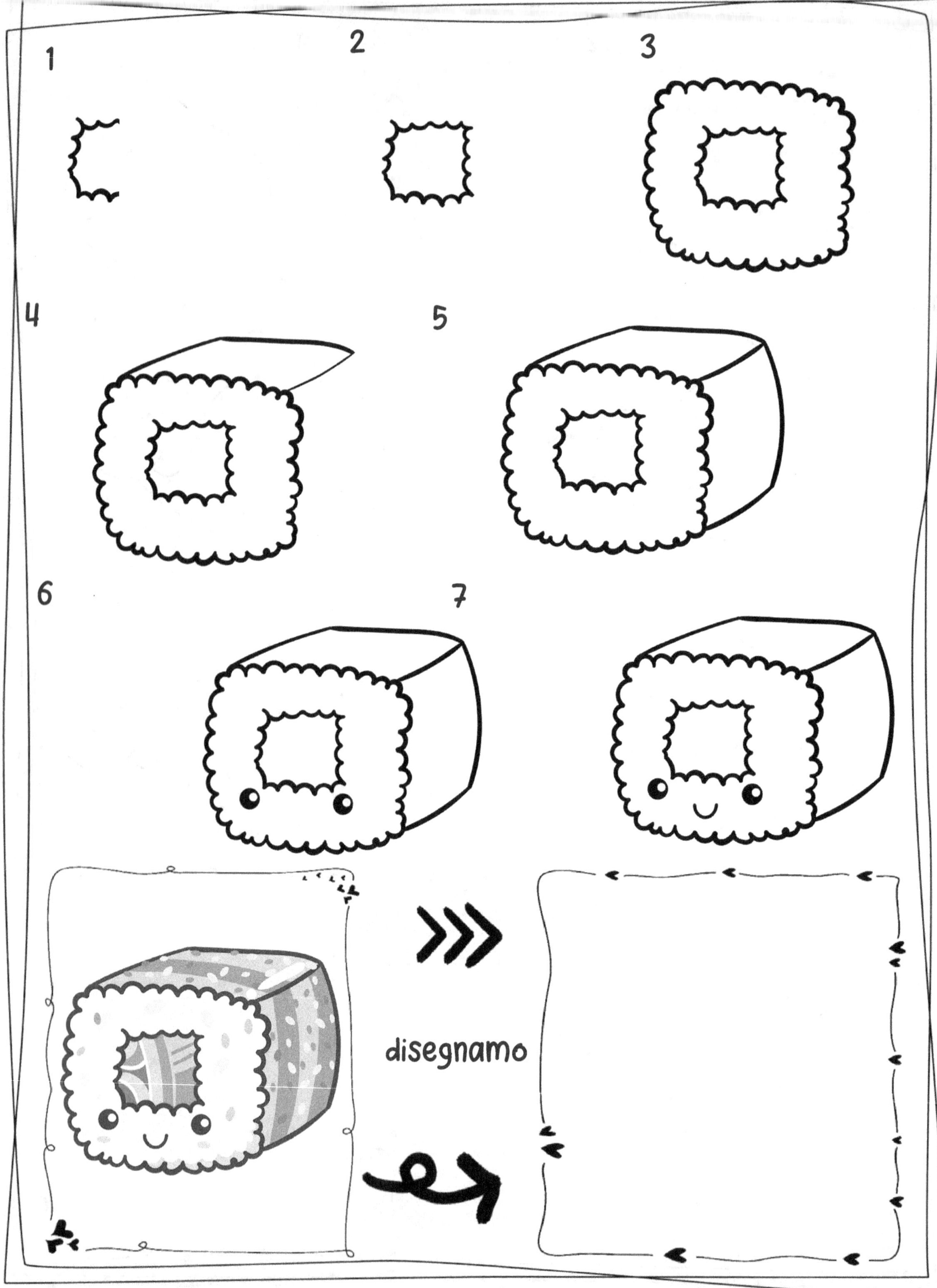

1
2
3
4
5
6
7
disegnamo

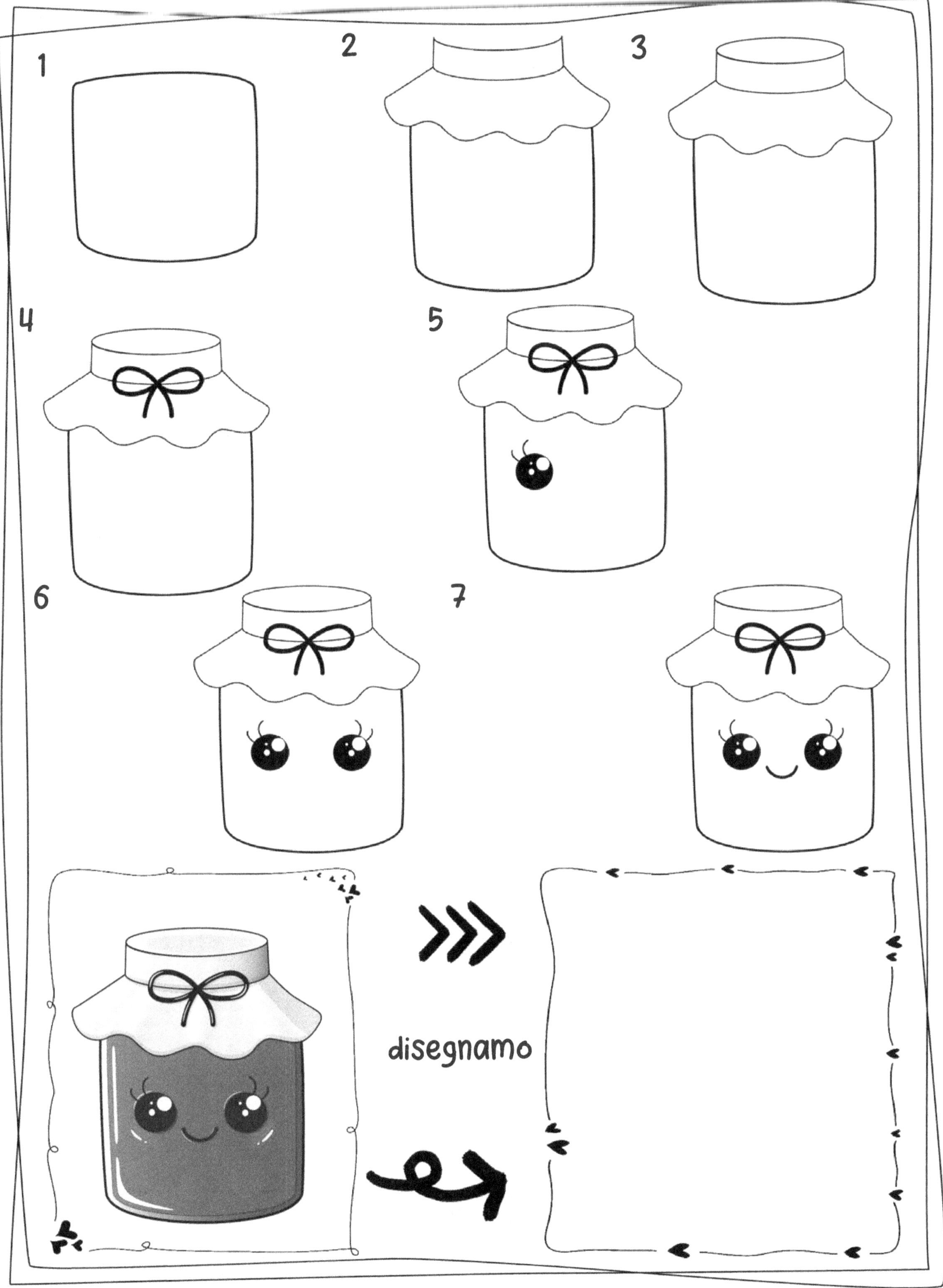
1
2
3
4
5
6
7
disegnamo

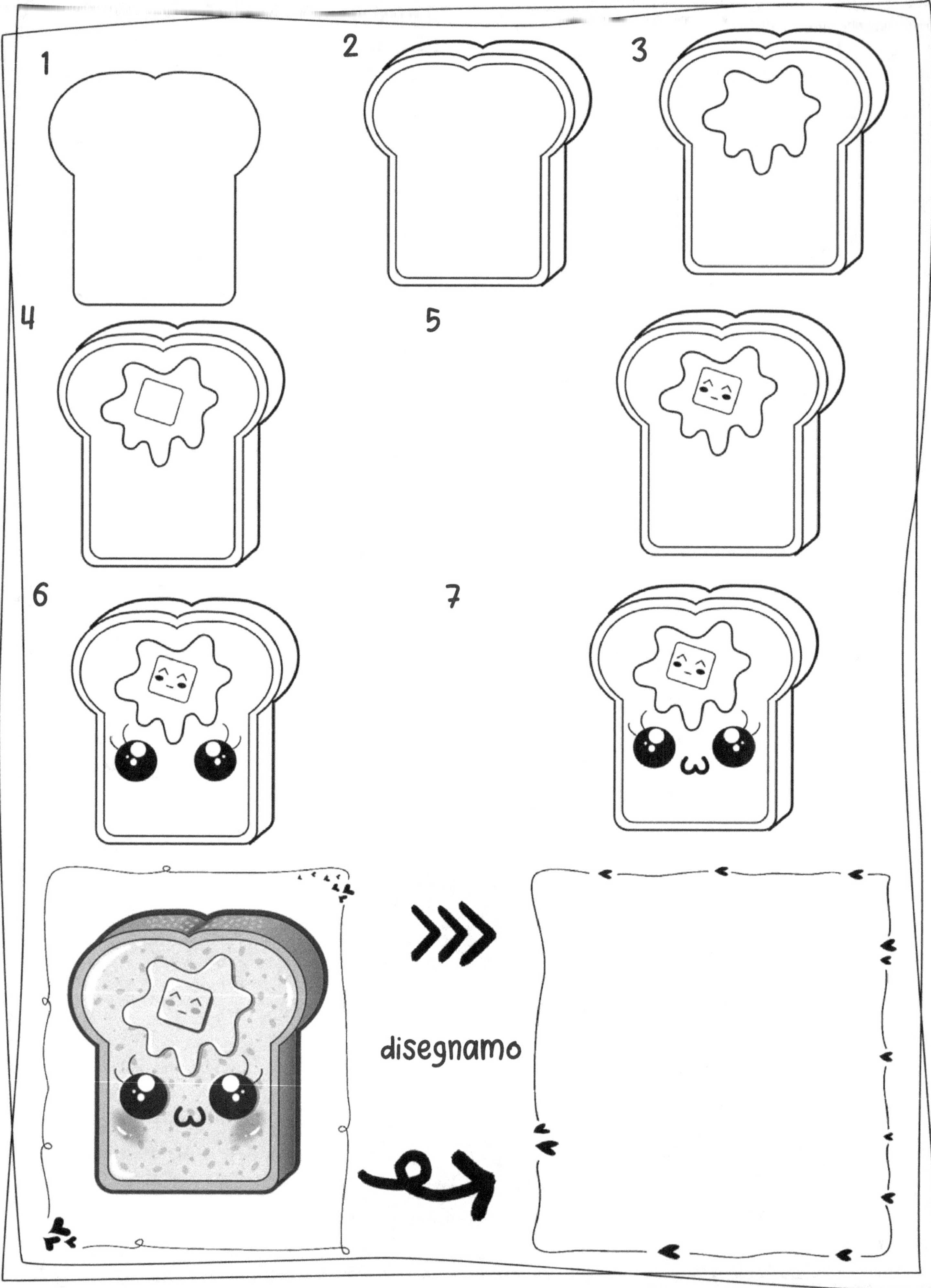

1
2
3
4
5
6
7
disegnamo

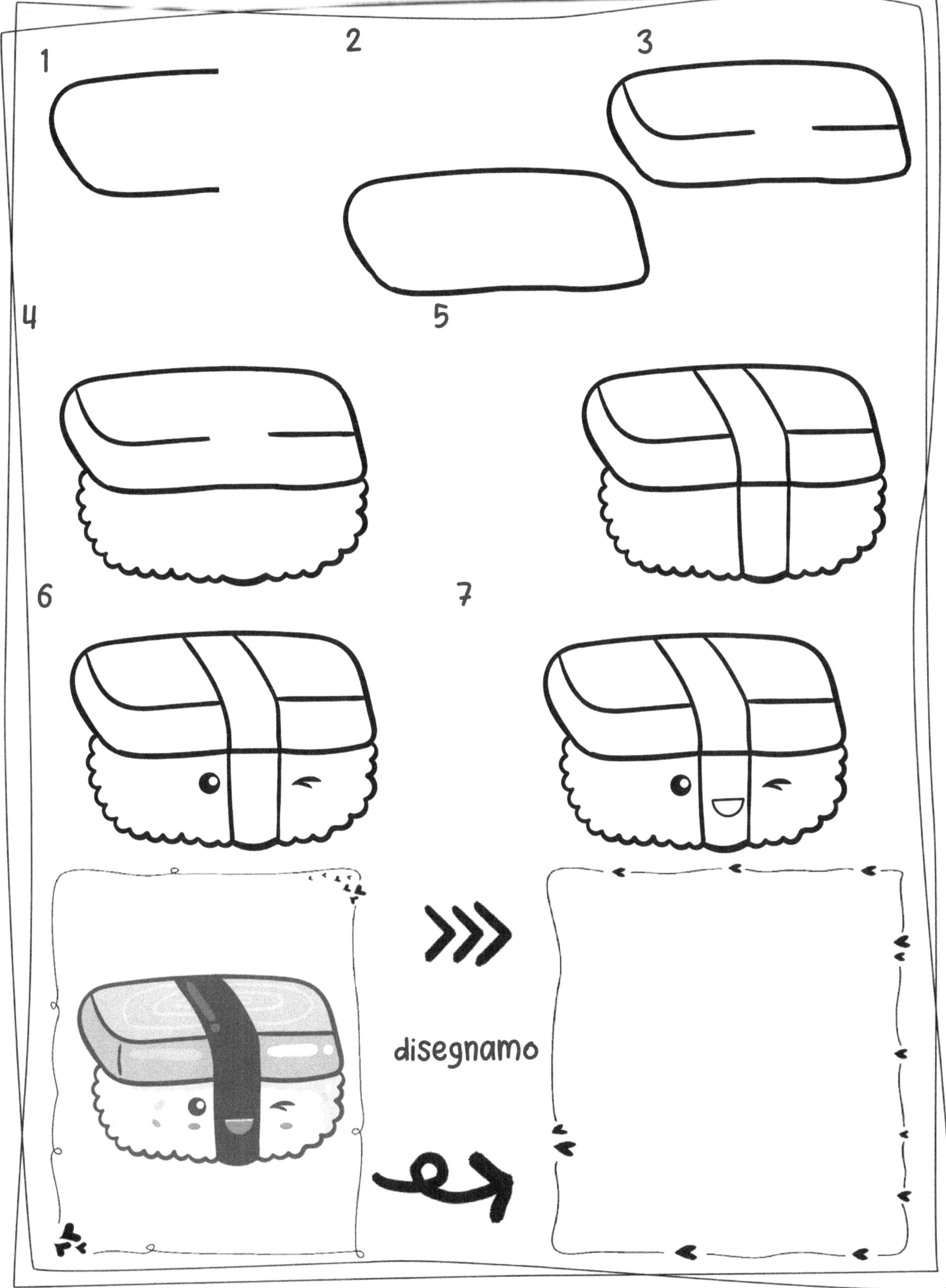

1
2
3
4
5
6
7
disegnamo

1
2
3
4
5
6
7
disegnamo

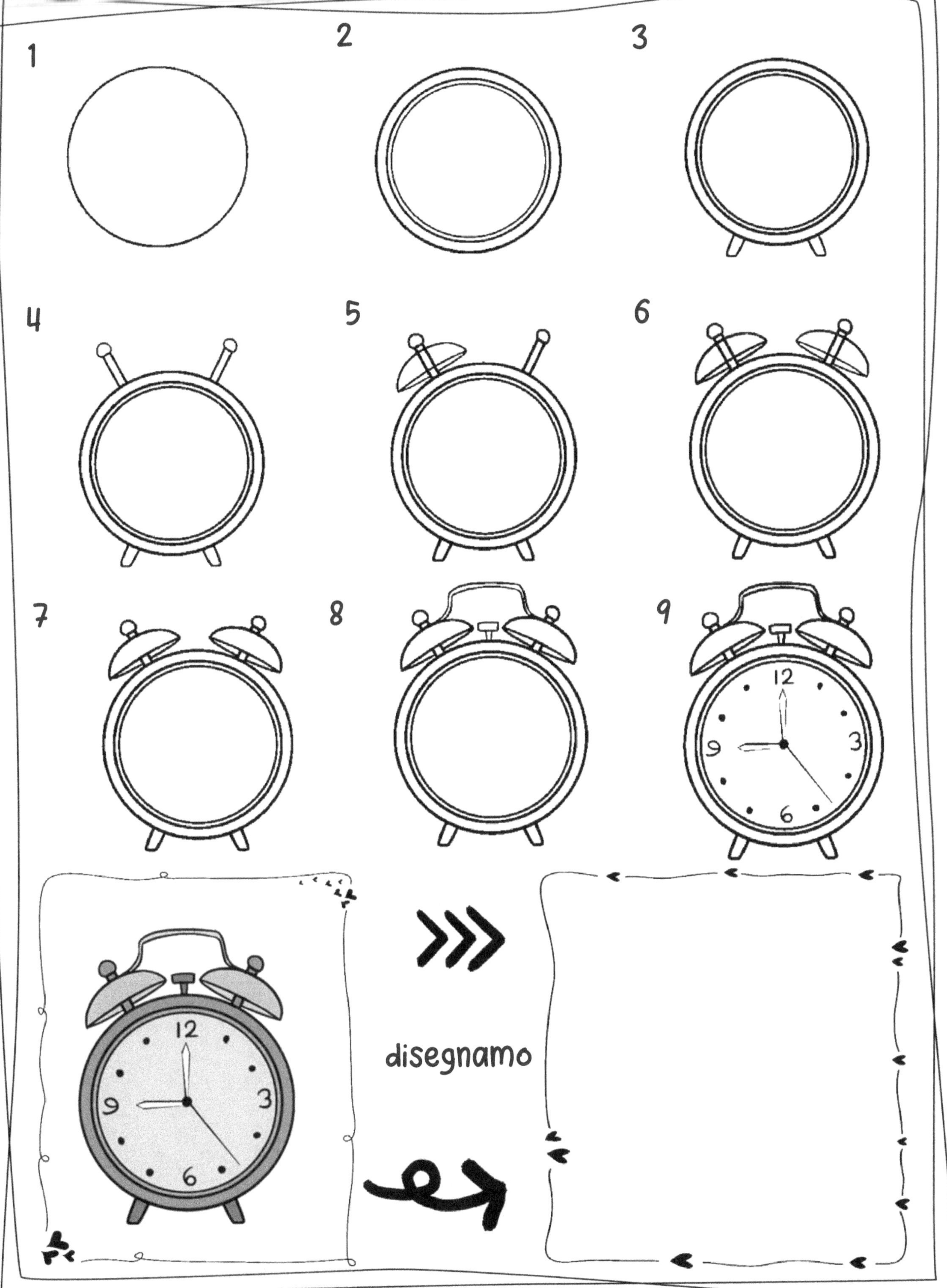
1
2
3
4
5
6
7
8
9
disegnamo

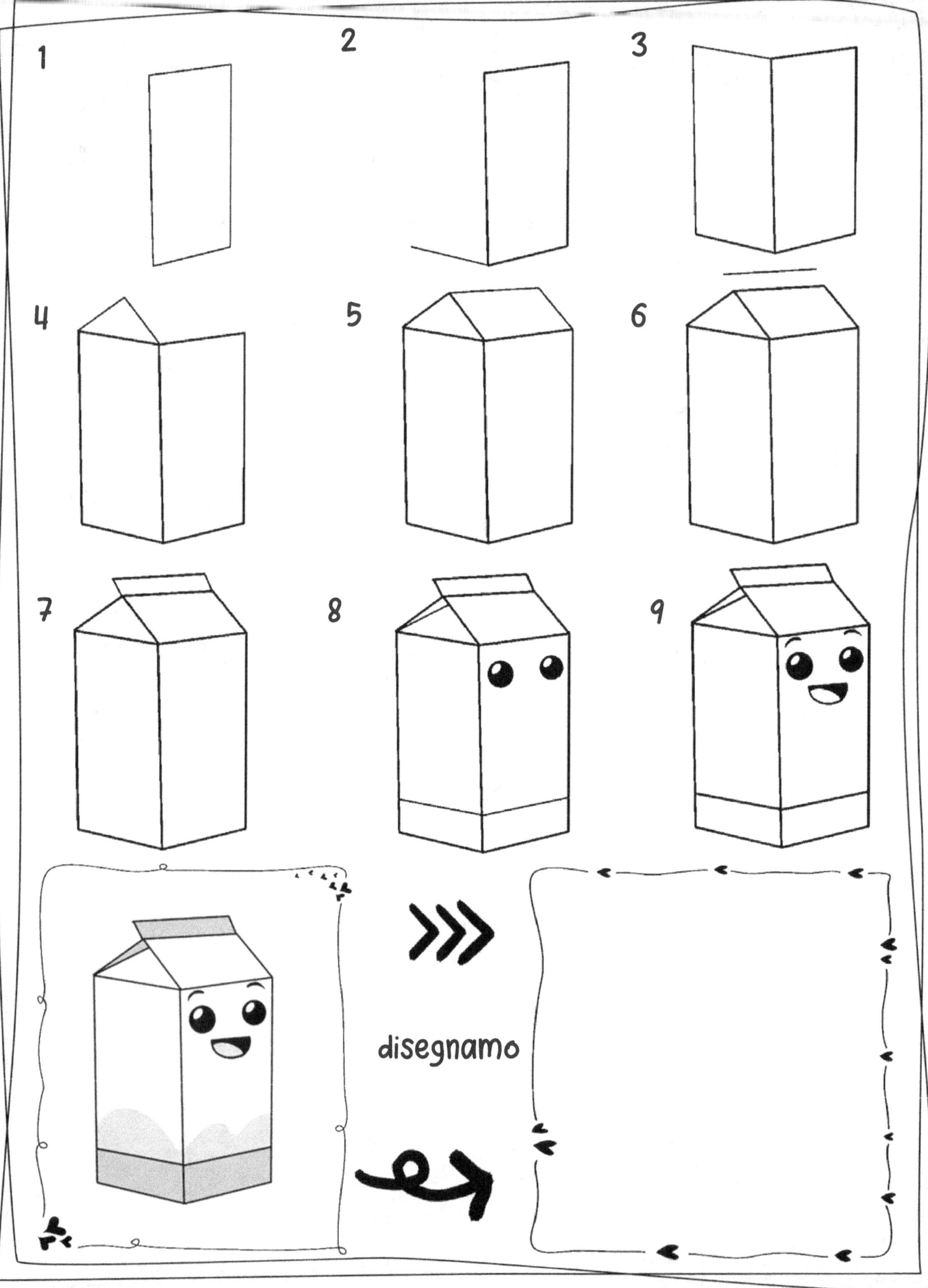

1
2
3
4
5
6
7
8
9
disegnamo

1
2
3
4
5
6
7
8
9
disegnamo

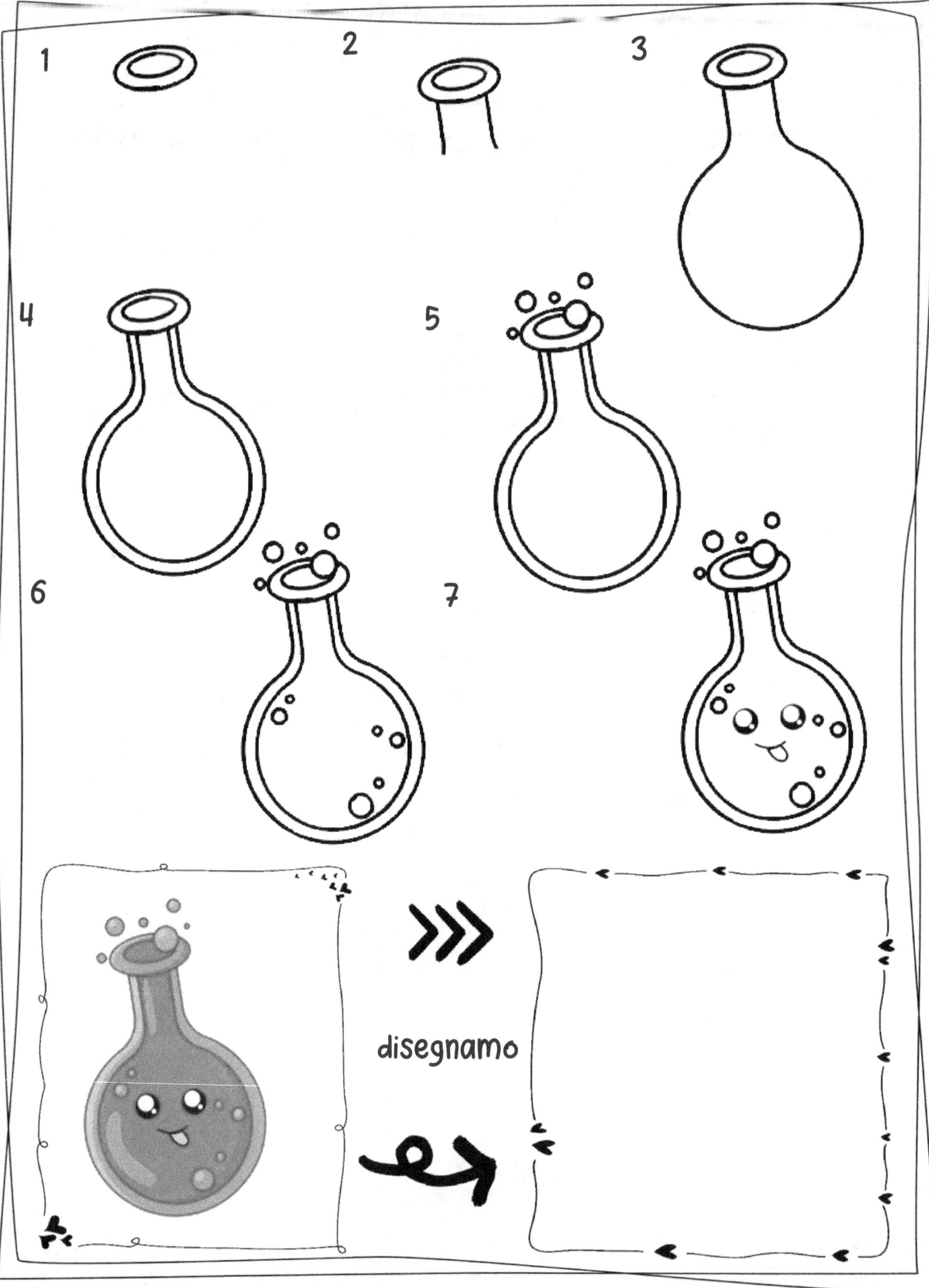

1
2
3
4
5
6
7
disegnamo

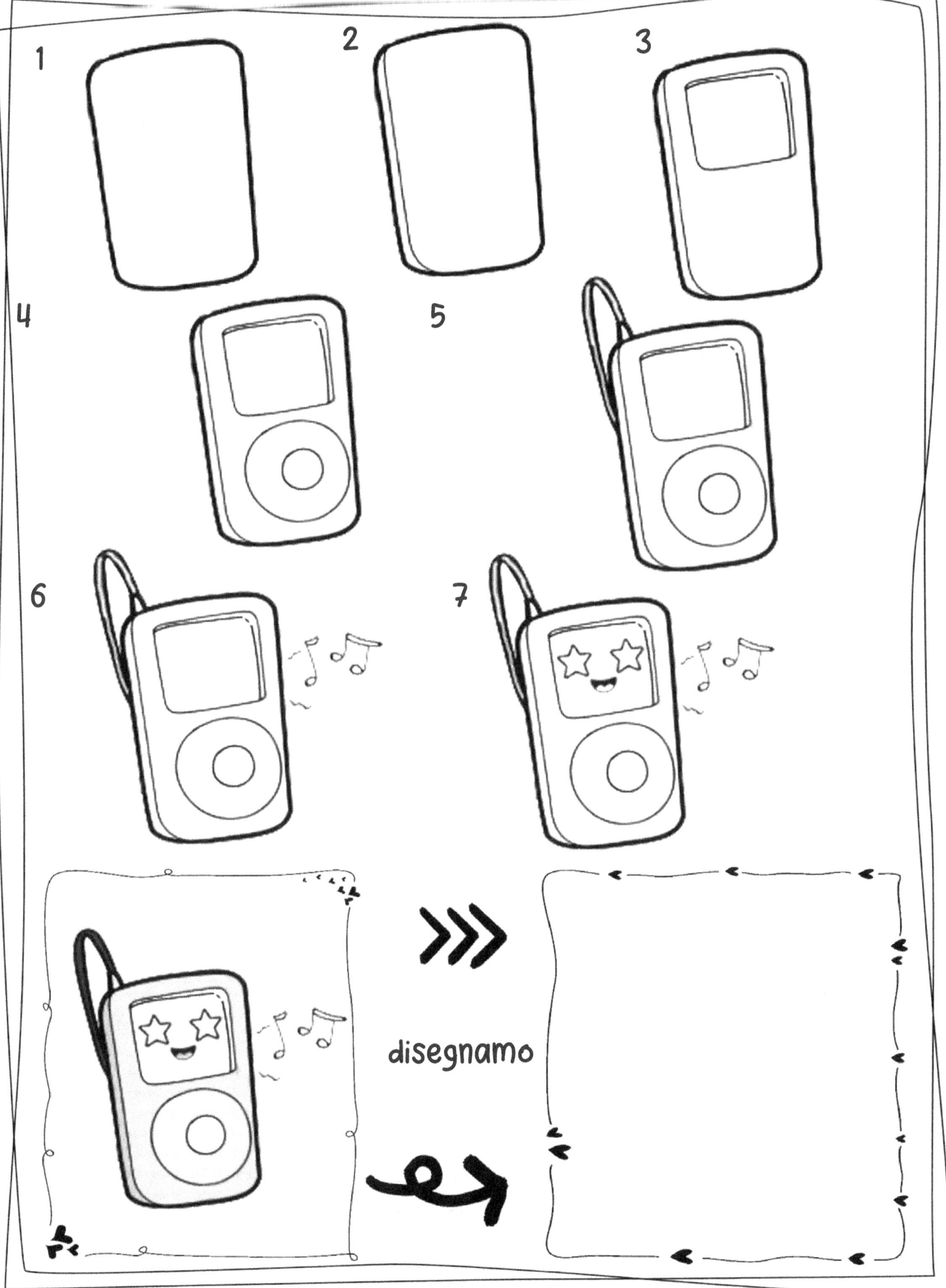

1
2
3
4
5
6
7
disegnamo

1
2
3
4
5
6
7
disegnamo

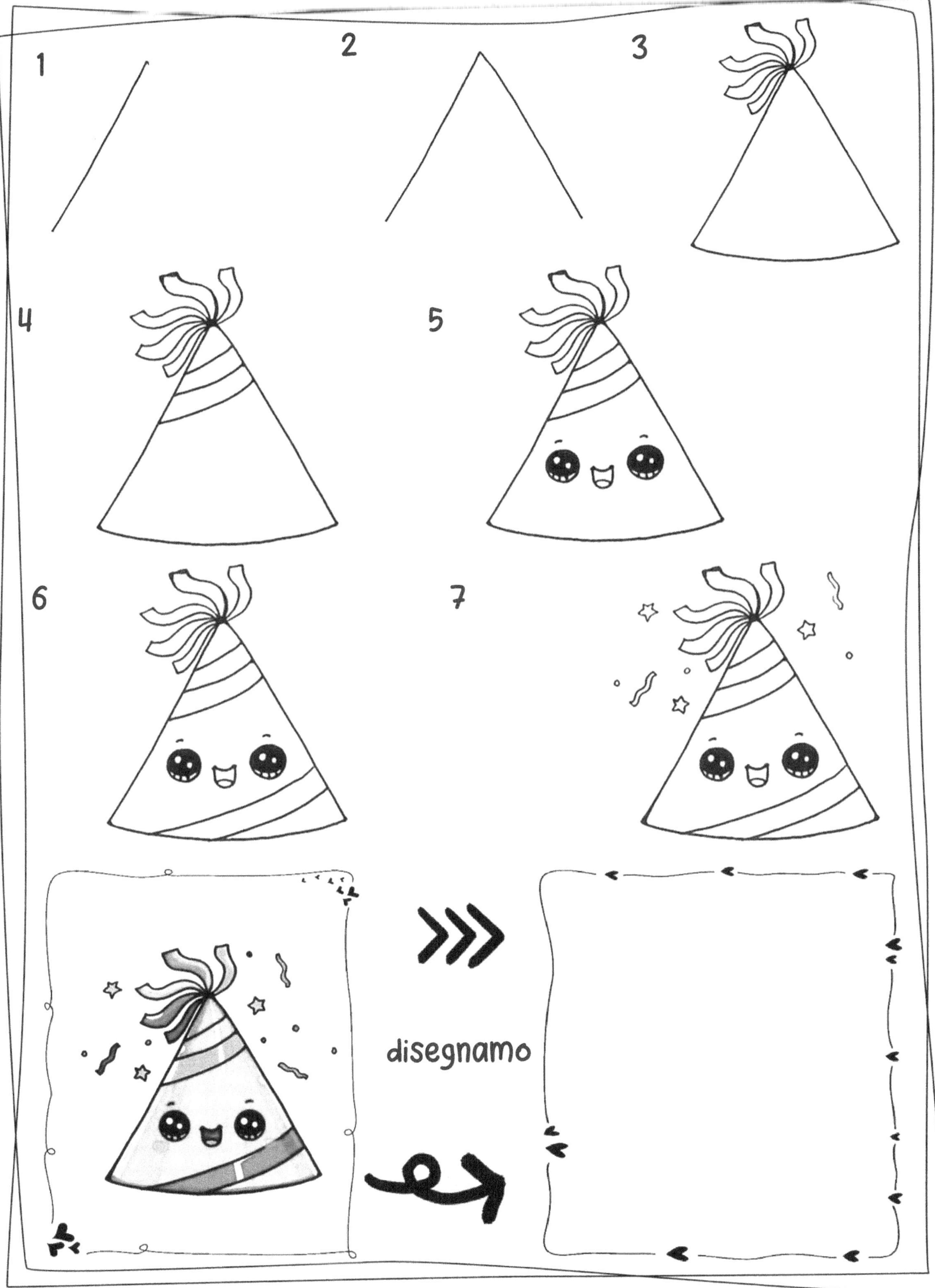

1
2
3
4
5
6
7
disegnamo

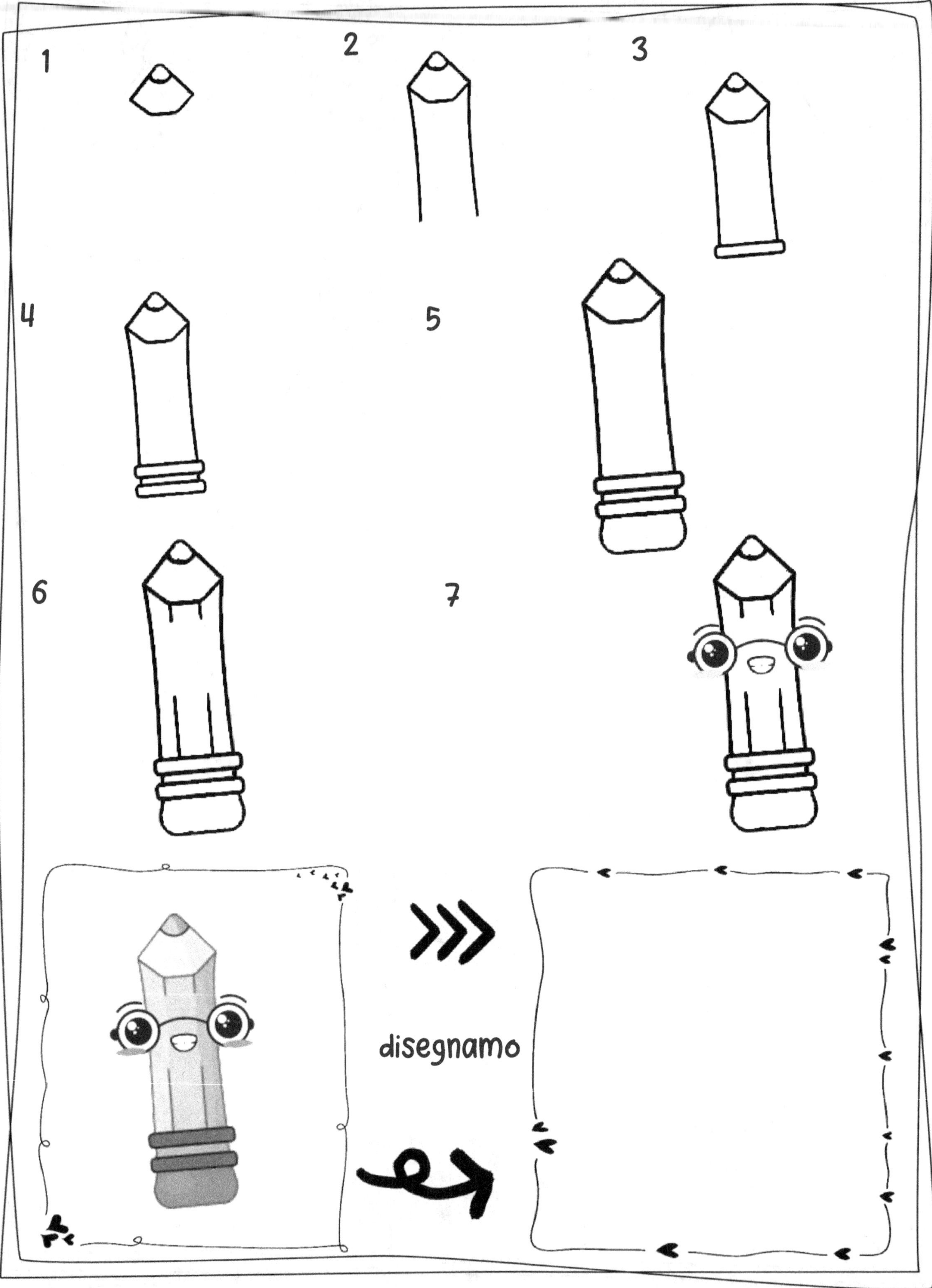

1
2
3
4
5
6
7
disegnamo

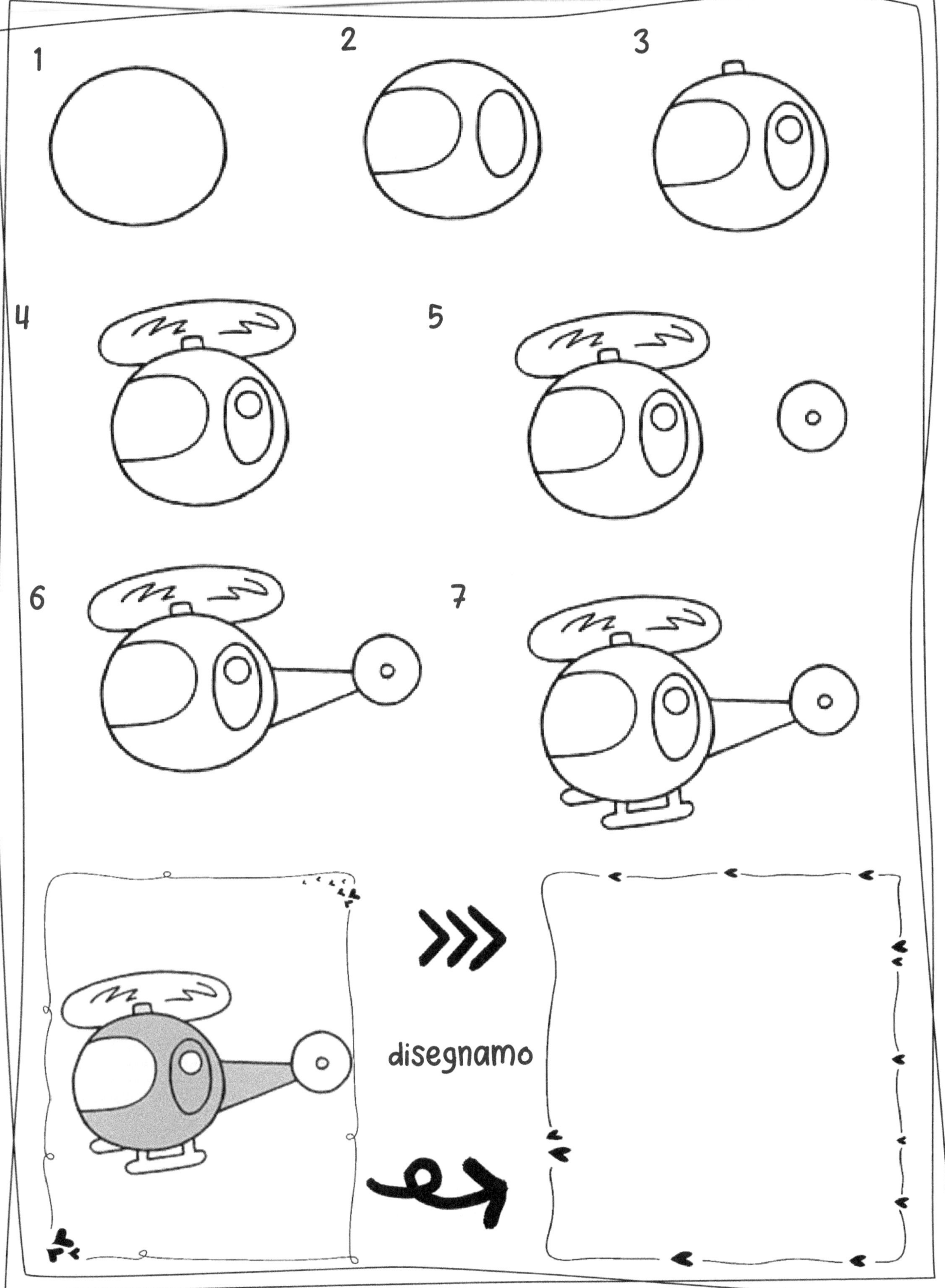

1
2
3
4
5
6
7
disegnamo

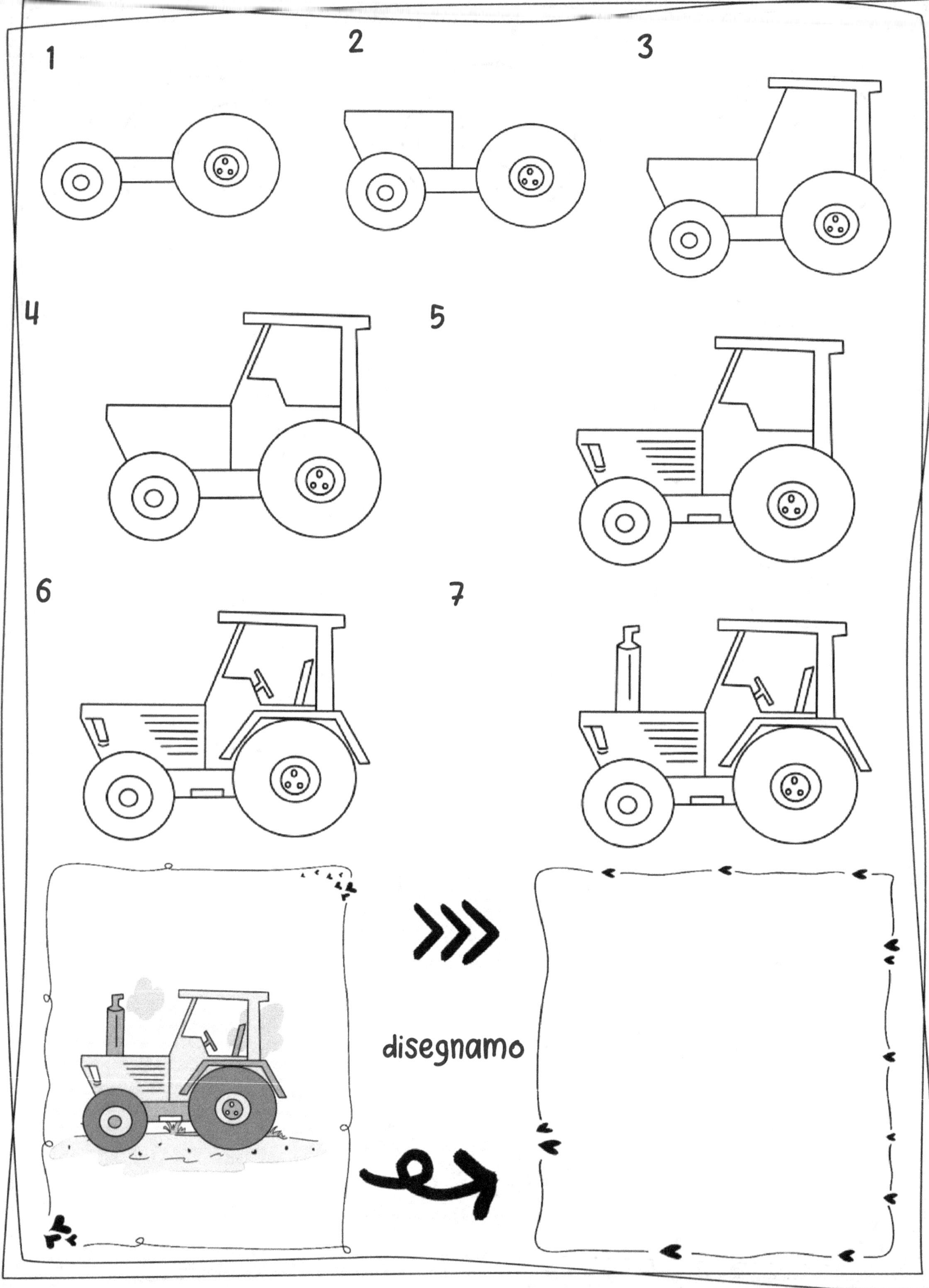
1
2
3
4
5
6
7
disegnamo

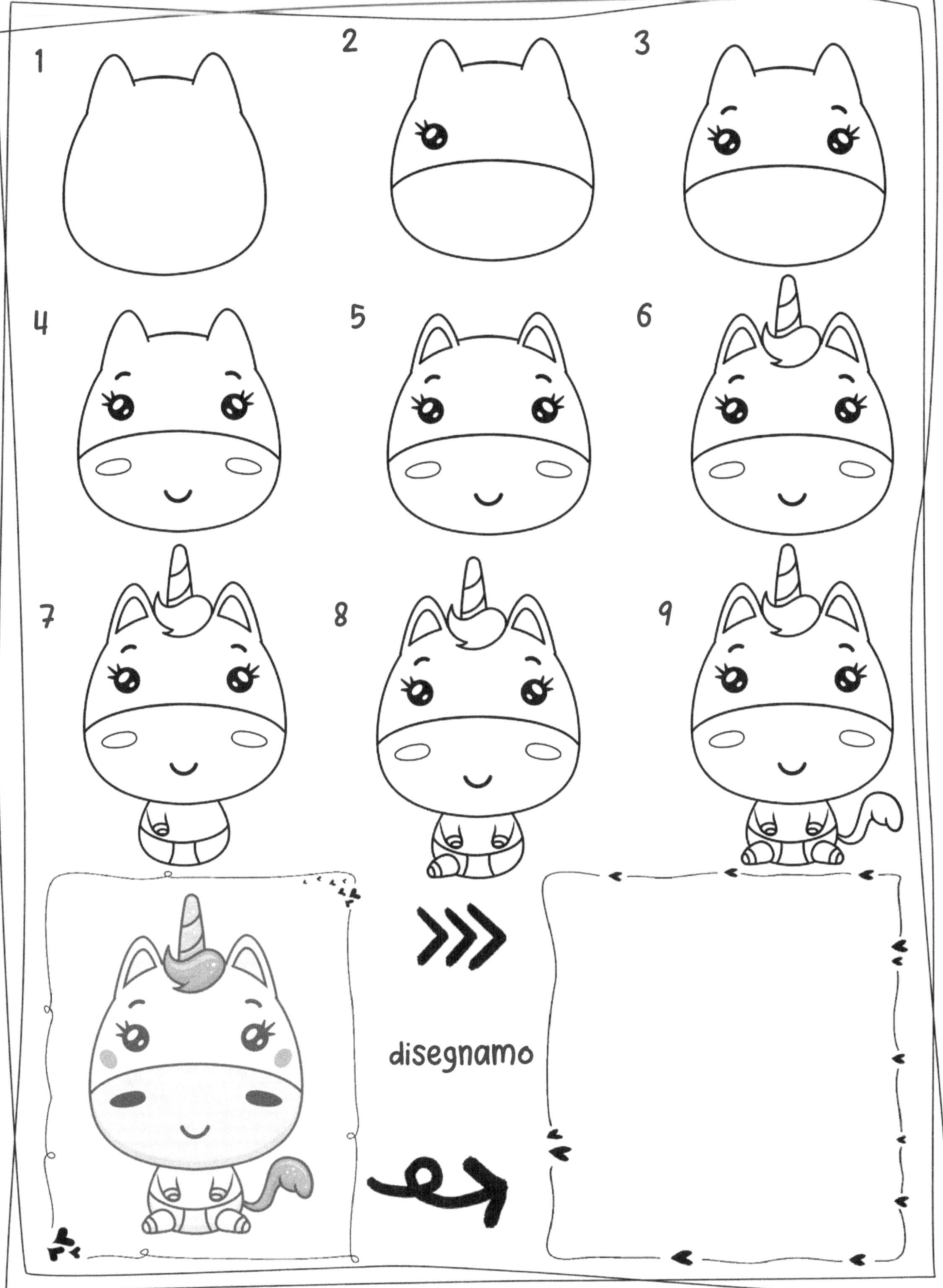
1
2
3
4
5
6
7
8
9
disegnamo

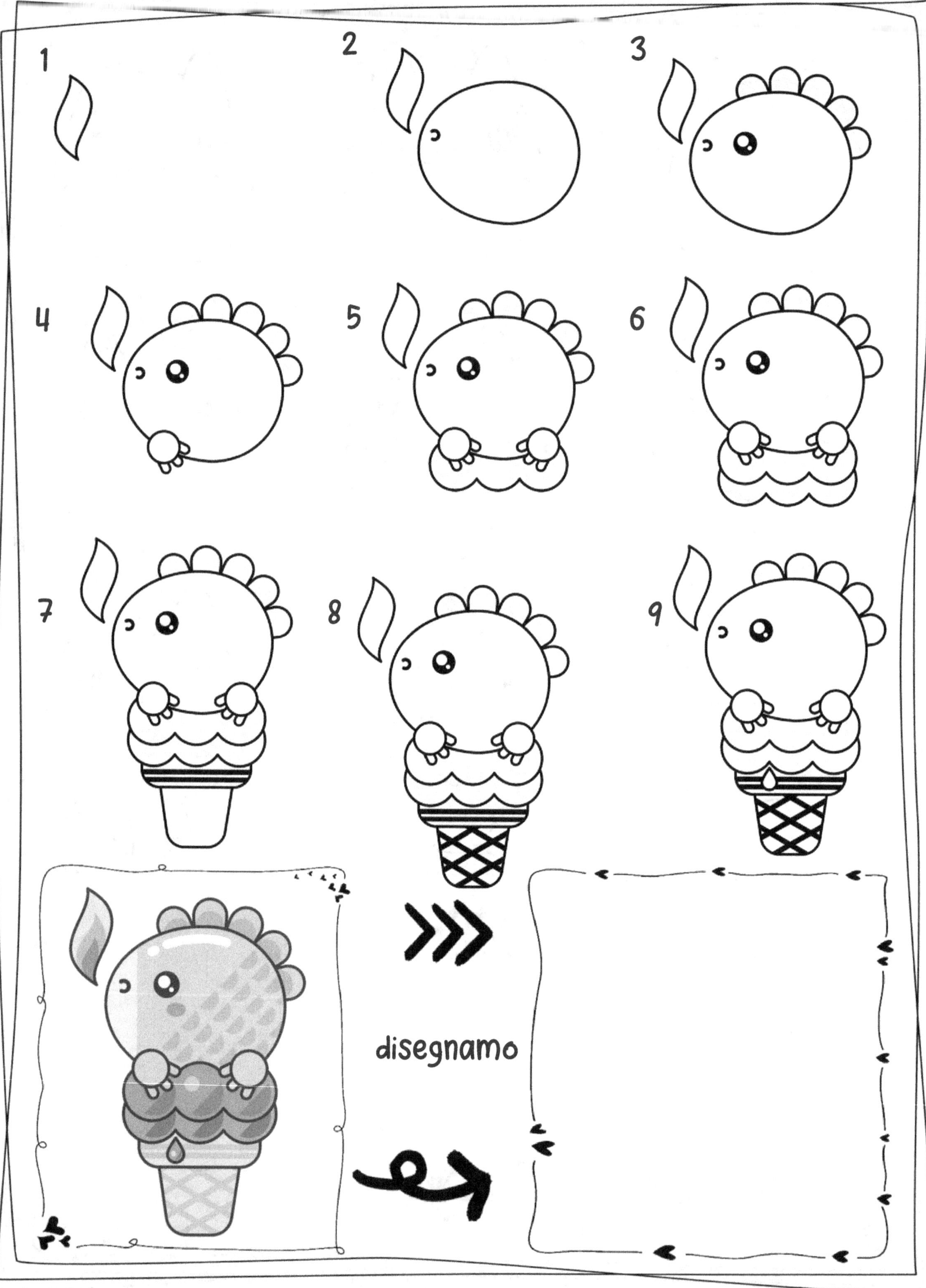

1
2
3
4
5
6
7
8
9
disegnamo

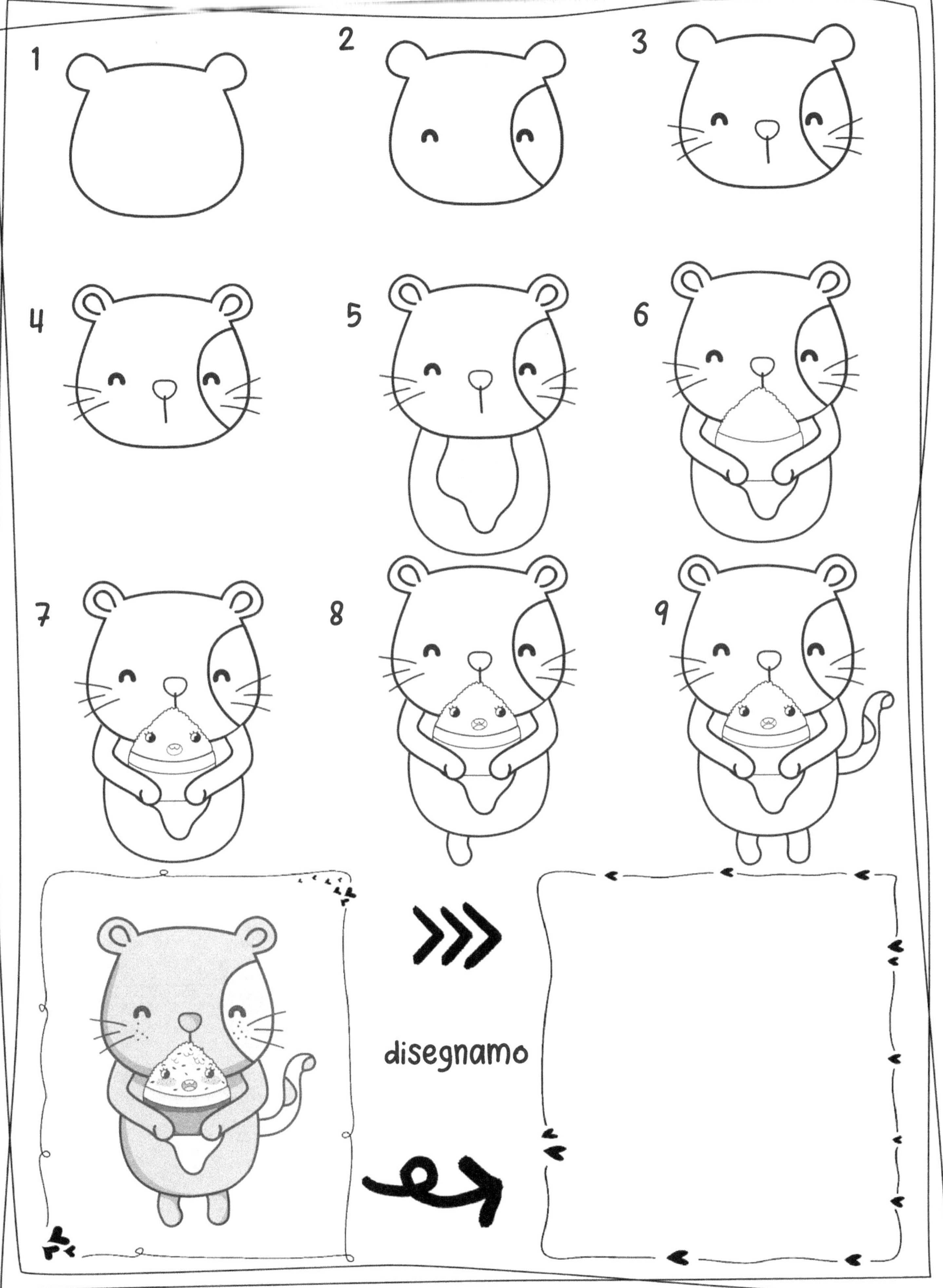

1
2
3
4
5
6
7
8
9
disegnamo

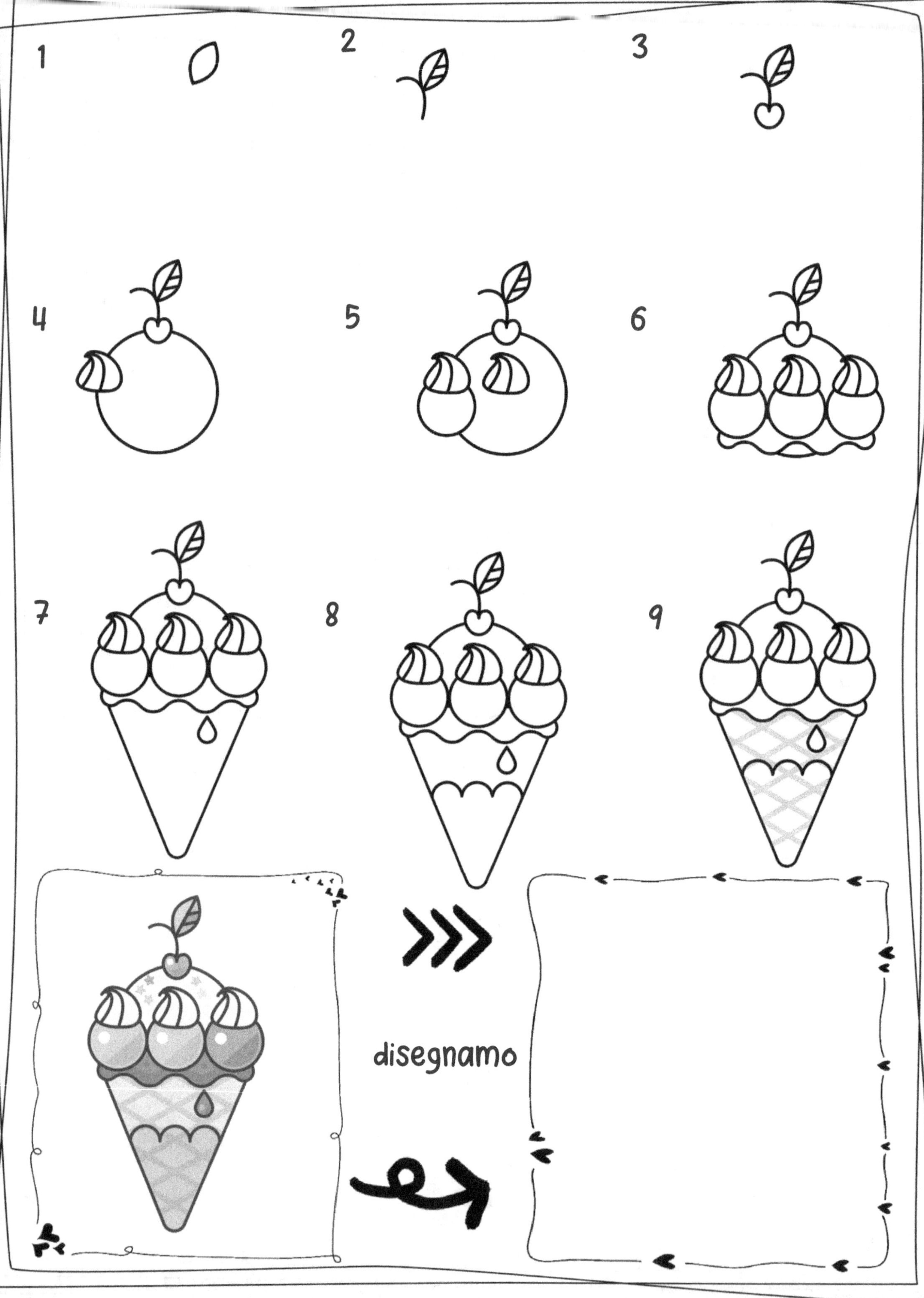

1
2
3
4
5
6
7
8
9
disegnamo

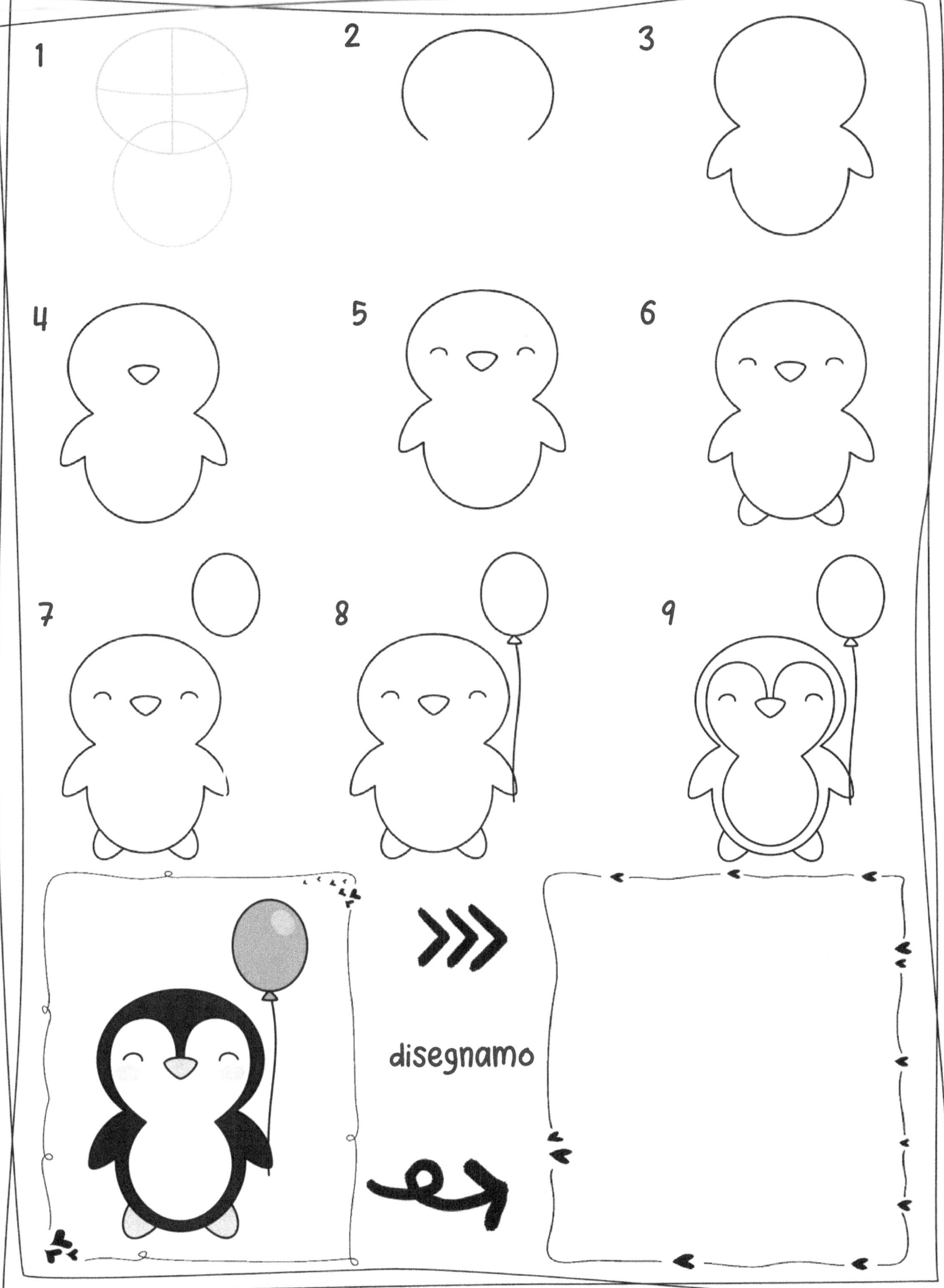

1
2
3
4
5
6
7
8
9
disegnamo

1
2
3
4
5
6
7
8
9
disegnamo

Grazie per aver scelto questo libro. Ci auguriamo davvero che ti sia piaciuta ogni pagina di questo libro e che tu abbia creato la tua arte.